Kauderwelsch

Band 108

Der
Reise Know-How Verlag Peter Rump GmbH
ist Mitglied der Verlagsgruppe

Reise Know-How

Kauderwelsch

Jemenitisch-Arabisch
Wort für Wort

Heiner Walther

Kauderwelsch Band 108
Jemenitisch-Arabisch - Wort für Wort
von Heiner Walther

Reise Know-How Verlag Peter Rump GmbH
Hauptstraße 198
D-33647 Bielefeld (Brackwede)

1. Auflage 1998
ISBN 3-89416-312-7

Bearbeitung: Alexander Schwarz

Gestaltung: Peter Rump

Fotos: Jürgen Sieben (S. 75, 86, 102, 111), Götz Adrian (S. 98), sonst Heiner Walther

Umschlagmotiv: Erika Därr

Druck & Bindung: Fuldaer Verlagsanstalt GmbH, Fulda

Dieses Buch ist in jeder Buchhandlung der BRD, Österreichs, der Niederlande und der Schweiz erhältlich. Bitte informieren Sie Ihren Buchhändler über folgende Bezugsadressen:
BRD: Prolit GmbH, Postfach 9, D-35461 Fernwald (Annerod) und die Barsortimente
Schweiz: AVA-buch 2000, Postfach 27, CH-8910 Affoltern
Österreich: Mohr Morawa GmbH, Sulzengasse 2, A-1060 Wien
Benelux: Assimil Benelux, 5-7 Rue des Pierres, B-1000 Bruxelles

Wer im Buchhandel kein Glück hat, bekommt unsere Bücher **auch direkt** bei:
Rump Direktversand, Heidekampstr. 18, D-49809 Lingen (Ems).

Zu diesem Buch ist eine **Tonband-Kassette** erschienen. Näheres dazu steht auf Seite 10.

Der Verlag will die Kauderwelsch-Reihe ausbauen und **sucht Autoren** für:
Balinesisch, Baskisch, Hawaiianisch, Hessisch

Inhalt

Kauderwelsch-Sprechführer sind anders

Warum? Weil sie Sie in die Lage versetzen, wirklich zu sprechen und die Leute zu verstehen.

Wie wird das gemacht? Abgesehen von dem, was jedes Sprachbuch bietet, nämlich Vokabeln, Beispielsätze etc., zeichnen sich die Bände der Kauderwelsch-Reihe durch folgende Besonderheiten aus:

Die **Grammatik** wird in einfacher Sprache so weit erklärt, daß es möglich wird, ohne viel Paukerei mit dem Sprechen zu beginnen, wenn auch nicht gerade druckreif.

Alle Beispielsätze werden doppelt ins Deutsche übertragen: zum einen **Wort-für-Wort,** zum anderen in "ordentliches" Hochdeutsch. So wird das fremde Sprachsystem sehr gut durchschaubar. Denn in einer fremden Sprache unterscheiden sich z. B. Satzbau und Ausdrucksweise recht stark vom Deutschen. Ohne diese Übersetzungsart ist es so gut wie unmöglich, schnell einzelne Wörter in einem Satz auszutauschen.

Die **Autorinnen** und **Autoren** der Reihe sind Globetrotter, die die Sprache im Land selbst gelernt haben. Sie wissen daher genau, wie und was die einfachen Leute auf der Straße sprechen. Deren Ausdrucksweise ist nämlich häufig viel einfacher und direkter als z. B. die Sprache der Literatur.

Besonders wichtig sind im Reiseland die **Körpersprache, Gesten, Zeichen und Verhaltensregeln,** ohne die auch Sprachkundige kaum mit Menschen in guten Kontakt kommen. In allen Bänden der Reihe wird darum besonders auf diese Art der nonverbalen Kommunikation eingegangen.

Kauderwelsch-Sprachführer sind keine Lehrbücher, aber viel mehr als Sprachführer! Wenn Sie ein wenig Zeit investieren und einige Vokabeln lernen, werden Sie mit ihrer Hilfe in kürzester Zeit Informationen bekommen und Erfahrungen machen, die "taubstummen" Reisenden verborgen bleiben.

Vorwort

Sie wollen in den Jemen reisen ...? Sie werden ein faszinierendes Land mit atemberaubenden Landschaften, einer alten Kultur und gastfreundlichen Menschen antreffen! Aber wie wollen Sie sich unterhalten? Die lange Isoliertheit des Jemen hat dazu geführt, daß nur wenige eine Fremdsprache beherrschen, schon gar nicht der 'Mann auf der Straße'. Damit Sie aber mehr und bessere Eindrücke sammeln und die Vielfalt des Landes kennenlernen können, sollten Sie mit den Einheimischen in ihrer Muttersprache sprechen. Dazu will dieser Sprachführer eine erste Anleitung geben.

Grundlage ist der jemenitisch-arabische Dialekt, speziell von Sana'a, der im gesamten Land verstanden wird. Die wesentlich kompliziertere Hochsprache findet u.a. in den Massenmedien (Rundfunk, Fernsehen, Zeitungen) Anwendung und wird in der Schule gelehrt.

Ziel des Kauderwelsch-Bandes 'Jemenitisch-Arabisch' ist es, Alltagskonversation im Dialekt zu ermöglichen. Da dieser nicht geschrieben wird, gehört die Vermittlung der arabischen Schrift nicht zur Aufgabe dieses Sprachführers. Im Grammatikteil werden die wichtigsten grammatischen Grundlagen vermittelt. Der sich anschließende Konversationsteil enthält typische Wendungen aus dem jemenitischen Alltagsleben.

Natürlich wird mit diesem Sprachführer keine vollständige Beherrschung des jemenitischen Dialektes angestrebt, denn das würde seinen Rahmen sprengen. Vielmehr soll eine praktische Hilfe gegeben werden, in die Geheimnisse dieses Dialektes Eingang zu finden und schnellstmöglich mit den Menschen 'vor Ort' zu sprechen. Lassen Sie sich nicht entmutigen, wenn Sie feststellen, daß manche Wörter außerhalb von Sana'a etwas anders ausgesprochen werden.

Ich wünsche Ihnen viel Freude beim Erlernen
und Anwenden des Jemenitisch-Arabischen! Heiner Walther

Hinweise zur Benutzung

Aufbau des Buches

Der Kauderwelsch-Band „Jemenitisch-Arabisch“ ist in drei Abschnitte gegliedert:

Grammatik

Die Grammatik beschränkt sich auf das Wesentliche und ist so einfach gehalten wie möglich. Sie will zunächst mit den wichtigsten Regeln des Jemenitisch-Arabischen vertraut machen. Viele grammatikalische Erscheinungen, zumal Ausnahmen und sprachliche Feinheiten, müssen bei dieser knappen Darstellung naturgemäß unberücksichtigt bleiben. Aber auch so bietet dieser Abschnitt genügend Stoff, der sicher nicht bei einmaligem Durchgang zu bewältigen, sondern Schritt für Schritt unter Bezugnahme auf den Konversationsteil zu erarbeiten ist. Wer sich intensiver mit der Grammatik des Jemenitisch-Arabisch beschäftigen will, findet in den Literaturtips am Ende des Buches einige empfehlenswerte Sprachlehrwerke.

Konversation

In diesem Teil finden Sie Sätze aus dem Alltagsgespräch, die Ihnen einen Eindruck davon vermitteln, wie die jemenitisch-arabische Sprache strukturiert ist und Sie auf das vorbereiten sollen, was Sie im Jemen hören werden.

Mit Hilfe der Wort-für-Wort-Übersetzung können Sie bald eigene Sätze bilden. Sie können die Beispielsätze als Fundus von Satzschablonen und -mustern benutzen, die Sie selbst Ihren Bedürfnissen anpassen. Um Ihnen das zu erleichtern, ist ein erheblicher Teil der Beispielsätze nach allgemeinen Kriterien geordnet („bitten, danken, wünschen“ usw.). Mit etwas Kreativität können Sie sich neue Sätze „zusammenbauen“, auch wenn das Ergebnis nicht immer grammatikalisch perfekt ausfällt.

Wörterlisten

Die **Wörterlisten** am Ende des Buches helfen Ihnen dabei. Sie enthalten einen Grundwortschatz von je ca. 1000 Wörtern Deutsch–Jemenitisch und Jemenitisch–Deutsch, mit denen man eine ganze Menge Situationen meistern kann.

Wort-für-Wort-Übersetzung

Jede Sprache hat ein typisches Satzbaumuster. Um die sich vom Deutschen unterscheidende Wortfolge in den Sätzen besser durchschauen zu können, ist die Wort-für-Wort-Übersetzung in etwas kleinerer Schrift hinzugefügt. Jedem jemenitischen Wort entspricht ein Wort in der Wort-für-Wort-Übersetzung. Wird ein jemenitisches Wort im Deutschen durch zwei Wörter wiedergegeben, werden diese zwei Wörter in der Wort-für-Wort-Übersetzung mit einem Bindestrich verbunden. Zum Beispiel:

ashrab mâi.
ich-trinke Wasser
Ich trinke Wasser.

Werden in einem Satz mehrere Wörter genannt, die man untereinander austauschen kann, steht ein Schrägstrich dazwischen:

anâ almânî / nimsâwî
ich Deutscher / Österreicher
Ich bin Duetscher / Österreicher.

anâ muwâfig / muwâfiga
ich einverstanden(m/w)
Ich bin einverstanden.

Die Wörter vor und hinter dem Schrägstrich gehören zusammen. Wörter, die sich auf einen Mann beziehen, werden dabei durch ein (m) für 'männlich' markiert (hier: **inta** und ***ayân**), (w) steht für 'weiblich' (hier: **inti** und ***ayâna**).

Zahlen

Um den Umgang mit Zahlen zu erleichtern, wird auf jeder Kauderwelsch-Seite die Seitenzahl auch auf jemenitisch-arabisch angegeben!

Umschlagklappe

Die Umschlagklappe hilft, die wichtigsten Sätze und Formulierungen stets parat zu haben. Hier finden sich außerdem die wichtigsten Angaben zur Aussprache; weiterhin eine kleine Liste der wichtigsten Fragewörter, Richtungs- und Zeitangaben. Denn wer ist nicht schon einmal aufgrund mißverstandener Gesten im fremden Land auf die falsche Fährte gelockt worden?

● Aufgeklappt ist der Umschlag eine wesentliche Erleichterung, da nun die gewünschte Satzkonstruktion mit dem entsprechenden Vokabular aus den einzelnen Kapiteln kombiniert werden kann.

● Wenn alles nicht mehr weiterhilft, dann ist vielleicht das Kapitel „Nichts verstanden? – Weiterlernen!“ der richtige Tip. Es befindet sich ebenfalls im Umschlag (und etwas ausführlicher auch auf den Seiten 113ff), stets bereit, mit der richtigen Formulierung für z.B. „Ich verstehe nicht.“ oder „Können Sie bitte langsam sprechen?“ auszuhelfen.

Kauderwelsch-Begleitkassette

Falls Sie sich die Sätze, die in diesem Buch vorkommen, einmal von einem Einheimischen gesprochen anhören möchten, dann können Sie sich die **Kauderwelsch-Begleitkassette** zu diesem Buch besorgen. Jeder Buchhändler kann sie beziehen. Sie bekommen sie aber auch beim Peter-Rump-Direktversand. Die Adresse steht vorne im Impressum. Kostenpunkt: DM 14.80 plus DM 4.50 für Porto u. Verpackung.

Land und Sprache

Der Jemen ist zweifelsohne ein Land, das jeden Besucher begeistert. Großartige Bergregionen, wie das Harazgebirge, in denen bis auf die höchsten Gipfel Dörfer mit einer einmaligen Architektur anzutreffen sind, wechseln mit staubtrockenen Wüsten ab, die insbesondere im Osten von fruchtbaren Wadis unterbrochen werden. Das bekannteste und zugleich schönste ist das Wadi Hadramaut **(Wâdî H̲ad̲ramaut)**. Seine Abgeschiedenheit und vor allem seine Lehmhochhäuser haben in der Vergangenheit immer wieder Reisende magisch angezogen. Wer schließlich Lust hat und keine Angst vor enormen Hitzegraden und hoher Luftfeuchtigkeit, kann im glasklaren Wasser des Roten Meeres oder des Indischen Ozeans baden. So vielseitig wie das Land sind auch seine Menschen, die sich ihre jahrhundertealten Stammestraditionen bewahrt haben und Araber sind. Im Küstengebiet der Tihama am Roten Meer leben überwiegend die dunkelhäutigen Nachfahren afrikanischer Einwanderer. In der Stadt Aden trifft man auch Menschen indischer Herkunft. Sie wurden einst von den Briten als Kolonialbeamte ins Land geholt.

Jemen liegt im äußersten Südwesten der Arabischen Halbinsel. Die Amtssprache ist Hocharabisch in Wort und Schrift, das, wie auch das Hebräische, zur Familie der semitischen Sprachen gehört. Charakteristisch für diese Sprachen sind (meist) drei Mitlaute (z.B. k, t, b), von denen die Grundbedeutung eines Wortes bzw. der gesamten Wortfamilie abhängt. Die weiteren Bedeutungen werden durch Vorsilben und/oder die Selbstlaute (a, e, i, o, u) und ihre Stellung zwischen den Mitlauten bestimmt, so z.B. 'schreiben':

ka**t**a**b**	schreiben
kâ**t**i**b**	Schreiber, Schriftsteller
ma**k**t**a**b	Büro

Die Hochsprache **(al-fushâ)** ist im gesamten arabischen Sprachraum einheitlich und ermöglicht es, daß sich Araber miteinander verständigen können. Sie wird in der Schule gelehrt, in den Zeitungen, im Rundfunk und Fernsehen verwendet. Im Alltag hingegen spricht jeder Dialekt, so auch im Jemen.

Der jemenitische Dialekt weicht stark von der Hochsprache ab. Allgemein gilt: Jemeniten sprechen relativ schnell. Darüber hinaus bestehen im Lande selbst regionale Unterschiede, insbesondere zwischen dem Bergjemen (Sana´a und Umgebung), der Stadt Aden und dem Hadramaut. So wird das arabische Wort für 'Mann' in Sana´a **'radjul'**, in Aden **'ragul'** und im Wadi Hadramaut **'rayul'** ausgesprochen. Grundlage dieses Bandes ist der Dialekt der Hauptstadt Sana´a, der überall verstanden wird.

Umschrift und Aussprache

Der Kauderwelsch-Band 'Jemenitisch-Arabisch' verwendet – abgesehen von wenigen Ausnahmen – nicht die arabische Schrift, sondern statt dessen eine Umschrift, die Sie in die Lage versetzten soll, schnell und ohne größere Schwierigkeiten mit Jemeniten zu sprechen.

Selbstlaute (Vokale)

Das Jemenitisch-Arabische kennt die Selbstlaute **a, e, i, o, u.** Sie werden wie auch im Deutschen kurz oder lang geprochen. Lange Selbstlaute sind in der Umschrift durch das Zeichen **^** ('Hütchen') über dem entsprechenden Buchstaben gekennzeichnet, also **â, ê, î, ô, û**. Die Dehnung eines Selbstlautes führt mitunter zu einer unterschiedlichen Wortbedeutung. So heißt **matar** 'Regen', hingegen **matâr** 'Flughafen'. Achten Sie daher, um nicht mißverstanden zu werden, von Anfang an auf eine korrekte Aussprache auch der Selbstlaute!

Mitlaute (Konsonanten)

Im Hochrabischen und auch im jemenitischen Dialekt gibt es einige Mitlaute, die eine Besonderheit dieser Sprache darstellen. Deren Aussprache sollten Sie deshalb gut üben, wenn möglich, mit Hilfe eines Arabers. Viele Mitlaute aber werden ähnlich oder genauso wie im Deutschen gesprochen.

arab. Buch-stb.	Laut	Name	Aussprache
ء	'	**hamza**	bezeichnet einen Stimmabsatz, der auch im Deutschen vor jeder vokalisch anlautenden Silbe gesprochen wird, so in 'beanstanden' (be-anstanden) z. B. **'achî** (mein Bruder)
باء	**b**	**bâ**	wie in 'Bild', z. B. **bâb** (Tür, Tor)
تاء	**t**	**tâ**	wie in 'Tante', z. B. **tamâm** (gut)
ثاء	**th**	**thâ**	wie im englischen stimmlosen 'three', z. B. **thaman** (Preis)
جيم	**dj / g**	**djîm / gîm**	im nördlichen Jemen (z. B. Sana'a): wie das italienische 'giorno' oder das englische 'journey', z. B. **djebel** (Berg) im südlichen Jemen (z. B. Taiz, Aden): 'g' wie in 'gern', z. B. **gebel** (Berg)
حاء	**h**	**hâ**	kräftig gehauchter stimmloser Laut, der weit hinten in der Kehle gesprochen wird, z. B. **ahmad** (Ahmed)
خاء	**ch**	**châ**	wie in 'Bach', z. B. **chudâr** (Gemüse)
دال	**d**	**dâl**	wie in 'die', z. B. **dîn** (Religion)
ذال	**th**	**thâl**	wie das englische stimmhafte 'th' in 'that', z. B. **thahab** (Gold)
راء	**r**	**râ**	rollendes Zungen-r, z. B. **radjul** (Mann)
زاي	**z**	**zây**	stimmhaftes 's' (kein deutsches z!) wie in 'Sand', z. B. **zabîb** (Rosinen)

سين	s	**sîn**	stimmloses 's' wie in 'Haß', deshalb oftmals mit 'ss' oder 'ß' wiedergegeben, z. B. **safar** (Reise)
شين	sh	**shîn**	wie das deutsche 'sch' in 'Schild', z. B. **shams** (Sonne)
صاد	s	**sâd**	dumpfes, stimmloses 's', z. B. **sabr** (Geduld) Anmerkung: Wie das **'s'** gehören auch die folgenden drei Buchstaben **d,t, z** zu den sogenannten gepreßt gesprochenen Lauten, die eine Besonderheit im Arabischen sind. Bei ihrer Aussprache wird der Sprechapparat leicht angespannt und der hintere Teil der Zunge zum Gaumen hin angehoben. Der nachfolgende Selbstlaut wird dunkel artikuliert.
ضاد	d	**dâd**	1. dumpfes, gepreßtes 'd' (im südlichen Jemen) 2. dumpfes, gepreßtes 'z' , fast wie **'z'** gesprochen! (im nördlichen Jemen) z. B. **daif** (Gast): dunkle Aussprache des des **'a'**!
طاء	t	**tâ**	dumpfes, gepreßtes 't', etwa wie im Wort 'Torte', z. B. **tabîb** (Arzt)
ظاء	z	**zâ**	dumpfes, gepreßtes 'z', z. B. **zarf** (Briefkuvert)
عين	*	***ain**	stimmhafter Kehllaut, der durch starkes Zusammenpressen des Kehlkopfes entsteht, z.B. ***ala** (=Verhältniswort 'auf')

غين	gh	ghain	ein Reibelaut, der dem deutschen Zäpfchen-r entspricht, z. B. **lugha** (Sprache)
فاء	f	fâ	wie 'f' in 'fein'
قاف	q / g	qâf / gâf	ein im Kehlkopf gesprochenes 'k', das den nachfolgenden Selbstlaut dunkel färbt, z.B. **qadîm** (alt), oft nur als 'g' gesprochen (so u. a. in Sana'a und Hadramaut: **gadîm**)
كاف	k	kâf	wie 'k' in 'Kaffee', z. B. **kalb** (Hund)
لام	l	lâm	wie 'l' in 'Lamm', z. B. **lâzim** (notwendig)
ميم	m	mîm	wie 'm' in 'mein', z. B. **mumkin** (möglich)
نون	n	nûn	wie 'n' in 'nett', z. B. **nûr** (Licht)
هاء	h	hâ	wie 'h' in 'Hals', wird im Arabischen auch in der Mitte und am Ende des Wortes als Mitlaut gesprochen (also kein Dehnungs-h wie in 'Mehl'!, z. B. **hâna** (hier)
واو	w	wâu	wie das englische 'w' in 'well', aber kein deutsches 'w'!, z. B. **walad** (Junge)
ياء	y	yâ	wie 'j' in 'Jagd', z. B. **yâsmîn** (Jasmin)

Betonung

Die Betonung liegt immer auf der langen Silbe eines Wortes, d. h. auf dem langgesprochenen Selbstlaut **(â, ê, î, ô, û)** oder dem Doppellaut **(ai, au)**. Hat ein Wort mehrere lange Silben, z.B. **fâtûra** (Rechnung, Quittung), so wird die zweite betont. Ist kein langer Selbstlaut vorhanden, dann trägt die erste Silbe den Ton, z. B. **zíbda** (Butter).

Wörter, die weiterhelfen

Die nachfolgenden Wendungen werden Sie häufig hören und deshalb selbst immer wieder gebrauchen. Denken Sie daran, daß Gestik und Mimik wichtiger Bestandteil einer jeden Kommunikation im Jemen sind. Achten Sie daher besonders auf die Hand- und Kopfbewegungen (Vgl. dazu das Kapitel 'Kurz-Knigge').

Bitte & Danke

Dies sind sicherlich die beiden wichtigsten Ausdrücke.

min fadlak! (m) / **min fadlisch!** (w)	Bitte! (auffordernd)
ismahlî! (m) / **ismahîlî!** (w)	Entschuldigen Sie! (z.B. wenn Sie eine Frage stellen)
shukran!	Danke!
***afwan**	Bitte! (als Antwort)

Für die erste Orientierung:

fîh ...?

Gibt es ...?

fîh taksi?
er-gibt Taxi
Gibt es ein Taxi?

fîh shâhi?
er-gibt Tee
Gibt es Tee?

Die Antwort könnte dann lauten:

aiwa, fîh!
ja, er-gibt
Ja, es gibt (eins)!

lâ, mâ fîhsh!
nein, nicht er-gibt-nicht
Nein, es gibt keins!

Wenn Sie nach etwas suchen:

ain ...? Wo ist ...? / Wo gibt es ...?

ain fundug Hadda?
wo Hotel Hadda
Wo ist das Hotel Hadda?

daktôr	Arzt	**mustashfâ**	Krankenhaus
bank	Bank	**ash-shurta**	(die) Polizei
safâra	Botschaft	**barîd**	Post
al-matâr	(der) Flughafen	**talafôn**	Telefon

Sehen oder hören Sie etwas, das Ihnen unklar ist, fragen Sie:

êsh hâtha?
was dieser
Was ist das?

Wenn Sie etwas brauchen oder haben möchten, sagen Sie:

ashtî ...? Ich möchte / will ...

ashtî ghurfa.
ich-möchte Zimmer
Ich möchte ein Zimmer.

chubz	Brot	**taksi**	Taxi
flûs	Geld	**shâhi**	Tee
tamr	Datteln	**mâi**	Wasser
gahwa	Kaffee	**habhab**	Wassermelonen

Grammatik-Bezeichnungen

Auch wenn in den Bänden der Kauderwelsch-Reihe weitgehend auf lateinische Grammatik-Bezeichnungen verzichtet wird, ist es dennoch möglich, daß man gelegentlich auf einen mehr oder weniger unverständlichen Ausdruck stößt. Für alle, die in der Schule nur die deutschen Bezeichnungen gelernt haben, hier eine kleine Orientierungshilfe:

Singular	Einzahl
Plural	Mehrzahl
Substantiv	Hauptwort (Apfel, Katze)
Adjektiv	Eigenschaftswort (schön, alt)
Adverb	Umstandsbestimmung (gern, immer)
Verb	Tätigkeitswort (arbeiten, waschen)
Präsens	Gegenwart (ich wasche)
Futur	Zukunft (ich werde waschen)
Imperfekt	einfache Vergangenheit (ich wusch)
Perfekt	zusammengesetzte Vergangenheit (ich habe gewaschen)
Plusquamperfekt	Vorvergangenheit (ich hatte gewaschen)
Personalpronomen	persönliches Fürwort (ich, du)
Demonstrativpronomen	hinweisendes Fürwort (dieser, jener)
Possessivpronomen	besitzanzeigendes Fürwort (mein, dein)
Reflexivpronomen	rückbezügliches Fürwort (ich wasche <u>mich</u>)
Präposition	Verhältniswort (in, auf)
Konjunktion	Bindewort (und, aber)
Präfix	Vorsilbe (<u>ab</u>brechen, <u>auf</u>brechen)
Suffix	Nachsilbe (Heft<u>chen</u>, Tisch<u>lein</u>)

Grammatik

Hauptwörter (Substantive)

Geschlecht

Im Unterschied zum Deutschen kennt das Arabische nur zwei grammatikalische Geschlechter: männlich (m) und weiblich (w).

Alle Wörter, die auf einen Mitlaut enden, sind gewöhnlich männlich:

bâb	Tür,Tor	**chubz**	Brot
walad	Junge	**mu*allim**	Lehrer

Wörter mit der Endung **-a** sind weiblich:

ghurfa	Zimmer, Raum	**bîra**	Bier
djidda	Großmutter	**warda**	Rose, Blume

Durch Anfügen der Endung **-a** an eine Reihe männlicher Wörter lassen sich diese in weibliche Wörter umformen. Dies ist vor allem bei Berufsbezeichnungen möglich:

tabîb	Arzt	**tabîba**	Ärztin
fellâh	Bauer	**fellâha**	Bäuerin
mu*allim	Lehrer	**mu*allima**	Lehrerin
kalb	Hund	**kalba**	Hündin
qitt	Kater	**qitta**	Katze

Außerdem sind alle Wörter, die sich auf Frauen beziehen, weiblichen Geschlechts, auch wenn sie kein **-a** im Auslaut haben:

bint	Mädchen	**sitt**	Frau
ucht	Schwester	**umm**	Mutter

Weiblich sind auch fast alle Länder- und alle Städtenamen, manche Körperteilbezeichnungen, z.B. **yad** (Hand) und einige wenige andere Wörter, z.B. **shams** (Sonne).

Artikel

Das Arabische hat keinen unbestimmten Artikel (ein, eine). Demzufolge bedeutet **fundug** 'ein Hotel' oder auch 'Hotel'. Soll jedoch betont werden, daß es sich nur um ein einziges Hotel handelt, wird das Zahlwort für 'eins': **wâ<u>h</u>id** (m) bzw. **wâ<u>h</u>ida** (w) verwendet:

fundug wâ<u>h</u>id	**madîna wâ<u>h</u>ida**
ein (einziges) Hotel	eine (einzige) Stadt

Der bestimmte Artikel (der, die) ist für männliche und weibliche Wörter (Einzahl und Mehrzahl) **al-**. Er wird in der Schrift mit dem Wort verbunden, zu dem er gehört und deshalb auch als Einheit gesprochen:

al-bâb	die Tür	**al-fundug**	das Hotel
al-madîna	die Stadt	**al-bint**	das Mädchen
al-muslimîn	die Muslime	**al-kutub**	die Bücher

Beginnt das Wort, dem der Artikel vorgesetzt ist, mit den Buchstaben **d**, **d̲**, **l**, **n**, **r**, **s**, **s̲**, **sh**, **t**, **t̲**, **th**, **t̲h̲**, **z** oder **z̲**, den sogenannten 'Sonnenbuchstaben', so wird das **-l** des Artikels in der Aussprache (jedoch nicht in der Schrift!) an den ersten Buchstaben des folgenden Wortes angeglichen und dieser verdoppelt gesprochen (wie übrigens alle doppelt auftretenden Mitlaute!):

ad-dîn (nicht: **al-dîn**)	die Religion	**an-nûr**	das Licht
ar-radjul	der Mann	**ash-shams**	die Sonne

Mehrzahl (Plural)

Das Arabische unterscheidet äußere und innere oder, wie sie auch genannt werden, gesunde und gebrochene Mehrzahlformen.

Die äußeren Mehrzahlformen werden mit Hilfe von Endungen gebildet. Im jemenitischen Dialekt wird bei männlichen Wörtern **-în** und bei weiblichen **-ât** (unterWegfall des **-a**!) an das Wortende angehängt.

männlich:

mu*allim	Lehrer	**mu*allimîn**	Lehrer (Mz)
fellâh̲	Bauer	**fellâh̲în**	Bauern
muhandis	Ingenieur	**muhandisîn**	Ingenieure

weiblich:

t̲ayyâra	Flugzeug	**t̲ayyârât**	Flugzeuge
reh̲la	Reise	**reh̲lât**	Reisen
mu*allima	Lehrerin	**mu*allimât**	Lehrerinnen

Viele Fremdwörter aus europäischen Sprachen erhalten die weibliche Mehrzahlform **-ât:**

basbôr	Reisepaß	**basbôrât**	Reisepässe
baib	Rohr	**baibât**	Rohre
motôr	Motor	**motôrât**	Motoren

Der größte Teil aller Hauptwörter hat jedoch eine innere Mehrzahlform. Sie entsteht durch eine Veränderung der Selbstlaute innerhalb des Wortes und wird deshalb mitunter auch als 'unregelmäßige' Mehrzahlform bezeichnet:

radjul	Mann	**ridjâl**	Männer
kalb	Hund	**kilâb**	Hunde
madîna	Stadt	**mudun**	Städte
bêt	Haus	**buyût**	Häuser
madrasa	Schule	**madâris**	Schulen

Zweizahl (Dual)

Eine weitere Besonderheit des Arabischen ist die für zwei Dinge, zwei Menschen, zwei Tiere usw. gebräuchliche Form. Sie wird durch das Anhängen einer Endung an die Einzahl des entsprechenden Wortes gebildet.

männlich: **-ên**

t̲âlib	Student	**t̲âlibên**	zwei Studenten
bâb	Tür, Tor	**bâbên**	zwei Türen
bêt	Haus	**bêtên**	zwei Häuser

weiblich: **-tên**

târiba	Studentin	**târibatên**	zwei Studentinnen
sayyâra	Auto	**sayyâratên**	zwei Autos
djidda	Großmutter	**djiddatên**	zwei Großmütter

Wörter in der Zweizahlform können auch den Artikel erhalten:

al-bâbên	**al-djiddatên**
die zwei Türen	die zwei Großmütter

Im Jemenitisch-Arabischen ist es auch üblich, die Zweizahl lediglich mit der Zahl 'zwei' **ithnên** (m) bzw. **thintên** (w) zu bilden. Das gezählte Wort steht dabei in der Mehrzahl:

ithnên mu*allimîn	**thintên sayyârât**
zwei Lehrer	zwei Autos

Gattungsbezeichnungen (Kollektiva)

Im Arabischen gibt es eine Reihe von Wörtern, die auf eine Gattung oder auch eine unbestimmte Anzahl davon hinweisen, meist bei Tieren und Pflanzen. Übrigens hat auch die deutsche Sprache solche Gattungsbezeichnungen, z.B. Vieh, Fisch, Äpfel usw.

Durch Anhängen eines **-a** wird beispielsweise aus **tuffâh** (Äpfel) **tuffâha** (ein einzelner Apfel). Davon wird ein äußerer weiblicher Plural **tuffâhât** (mehrere/viele gezählte Äpfel) gebildet.

samak	Fisch	**batt**	Enten
samaka	ein (einzelner) Fisch	**batta**	eine (einzelne) Ente
samakât	mehrere/viele Fische	**battât**	mehrere/viele Enten

Zusammengesetzte Hauptwörter

Im Arabischen gibt es keine zusammengesetzen Hauptwörter. Vielmehr werden Wörter wie 'Fischmarkt' nach dem folgenden Schema gebildet. Nur das zweite Wort erhält dann den Artikel **al-** !

sûg + **al-asmâk** (Mz)	Markt	+ die Fische
= **sûg al-asmâk**	Markt der Fische	= Fischmarkt
maṯ*am + **al-fundug**	Restaurant	+ das Hotel
= **maṯ*am al-fundug**	Restaurant des Hotels	= Hotelrestaur.

Bei weiblichen Hauptwörtern verändert sich die Endung **-a** zu **-at**:

ghurfa + **an-nôm**	Zimmer	+ der Schlaf
= **ghurfat an-nôm**	Zimmer des Schlafes	= Schlafzimmer

Auf diese Weise kann man auch Besitzverhältnisse ausdrücken:

kutub al-mu*allim	**sayyârat aṯ-ṯabîba**
die Bücher des Lehrers	das Auto der Ärztin

Eigenschaftswörter (Adjektive)

Geschlecht

Eigenschaftswörter stehen nach dem Hauptwort, das sie näher bestimmen und nehmen das gleiche grammatikalische Geschlecht an. Die Grundform ist männlich. Durch Anhängen der Endung **-a** wird die weibliche Form gebildet.

radjul djamîl
Mann hübsch
ein hübscher Mann

bint djamîla
Mädchen hübsches
ein hübsches Mädchen

Erhält das Hauptwort den Artikel **al-**, so trifft das auch auf das Eigenschaftswort zu.

ar-radjul al-djamîl
der-Mann der-hübsche
der hübsche Mann

al-bint al-djamîla
die-Mädchen die-hübsche
das hübsche Mädchen

Endet das Eigenschaftswort auf einem Selbstlaut (nur **-î**), z.B. **ghâlî** (teuer), wird für die weibliche Form **-ya** statt **-a** angefügt: **ghâlîya.**

Mehrzahl (Plural)

Steht das Hauptwort in der Mehrzahl und bezeichnet eine Person, muß das mit ihm verbundene Eigenschaftswort ebenfalls die Mehrzahlform annehmen. Sie ist bei einigen Eigenschaftwörtern identisch mit der des Hauptwortes. Eine Regel gibt es dafür allerdings nicht.

Mehrzahl männlich	**-în**
Mehrzahl weiblich	**-ât** anstelle von **-a**

al-fellâh̲ al-yemenî
der-Bauer der-jemenitische
der jemenitische Bauer

al-fellâh̲în al-yemenîyîn
die-Bauern die-jemenitischen
die jemenitischen Bauern

al-bint as̲-s̲aghîra
die-Mädchen die-junge
das junge Mädchen

al-banât as̲-s̲aghîrât
die-Mädchen die-jungen
die jungen Mädchen

Andere Eigenschaftswörter haben wie viele Hauptwörter eine unregelmäßige Mehrzahlform. Sie finden diese in der Wörterliste.

Bezeichnet das Hauptwort (m/w) einen Gegenstand, ein Tier oder eine Pflanze, erhält das Eigenschaftswort die weibliche Einzahlendung **-a** auch in der Mehrzahl.

at-tayyâra al-djadîda
die-Flugzeug die-neue
das neue Flugzeug

at-tayyârât al-djadîda
die-Flugzeuge die-neue
die neuen Flugzeuge

Wichtige Eigenschaftswörter

kabîr	alt (Mensch), groß	**tawîl**	lang
gadîm	alt (Sache)	**dalâdala**	langsam
miskîn	arm	**fâdi**	leer
murtâh	ausgeruht	**chafîf**	leicht (Gewicht)
rachîs	billig	**ta*bân**	müde
wâsi*	breit	**garîb**	nahe
madjnûn	dumm	**djadîd**	neu
basît	einfach, leicht	**ghanî**	reich
muwâfig	einverstanden	**sahh**	richtig
ghalat	falsch	**nazîf**	sauber
ba*îd	fern, weit	**hâmid**	sauer
badrî	früh, zeitig	**bâtir**	schlecht
maftûh	geöffnet, offen	**wasich**	schmutzig
mughallag	geschlossen	**sari***	schnell
tamâm	gut, gesund	**djamîl**	schön
hârr	heiß, scharf	**thagîl**	schwer (Gewicht)
***âlî**	hoch	**sa*b**	schwierig
saghîr	jung; klein	**hâlî**	süß
bârid	kalt	**ghâlî**	teuer
marîd	krank	**kathîr**	viel, sehr
gasîr	kurz	**galîl**	wenig

Farben

männlich	weiblich / Mehrzahl	
azrag	**zargâ**	blau
bunnî	**bunnîya**	braun
asfar	**safrâ**	gelb
achdar	**chadrâ**	grün
ahmar	**hamrâ**	rot
aswad	**saudâ**	schwarz
abyad	**baidâ**	weiß
mulawwan	**mulawwana**	farbig
thahabî	**thahabîya**	golden
fiddî	**fiddîya**	silbern

Sätze ohne Verben (Nominalsätze)

Das Hilfsverb 'sein' als Verbindung zwischen Haupt- und Eigenschaftswort gibt es im Arabischen für die Gegenwart nicht. Bei einen entsprechenden Satz kombinieren Sie das Hauptwort (mit Artikel **al-**) mit einem Eigenschaftswort, das keinen Artikel erhält.

al-chubz ghâlî.
der-Brot teuer
Das Brot ist teuer.

as-safâra garîba.
die-Botschaft nahe
Die Botschaft ist nahe.

Oder etwas schwieriger:

ash-shâhi al-aswad rachîs.
der-Tee der-schwarze billig
Der schwarze Tee ist billig.

al-bint as-saghîra marîda.
die-Mädchen die-kleine krank
Das kleine Mädchen ist krank.

Dieses und Jenes

Wollen Sie etwas in der Nähe bezeichnen, verwenden Sie die folgenden hinweisenden Fürwörter (Demonstrativpronomen) der Nähe:

hâtha	dieser, -s	(für männl. Hauptwörter Ez)
hâthi	diese	(für weibl. Hauptwörter Ez)
hâthaula	diese	(für alle Personen Mz)

Weisen Sie auf etwas, das sich weiter weg von Ihnen befindet, dann müssen Sie die hinweisenden Fürwörter der Ferne verwenden:

hâthâk	jener, -s	(für männl. Hauptwörter Ez)
hâthîk	jene	(für weibl. Hauptwörter Ez)
hâthaulâk	jene	(für alle Personen Mz)

Normalerweise stehen die hinweisenden Fürwörter vor dem Hauptwort, auf das sie sich beziehen. Bei einer Hervorhebung des Hauptworts kann es auch dahinter gesetzt werden. Das Hauptwort erhält den Artikel **al-**, der, wenn das Fürwort auf einen Selbstlaut endet, das **'a'** verliert.

Beispiele:

hâtha l-bêt djadîd.
dieser(m) der-Haus neu
Dieses Haus ist neu.

hâthi l-buyût djadîda.
diese(w) die Häuser neu(w, Ez)
Diese Häuser sind neu.

hâthi l-bint djamîla.
diese(w) die-Mädchen hübsch
Dieses Mädchen ist hübsch.

hâthaula l-banât djamîlât.
diese(Mz) die-Mäd. hübsche(w, Mz)
Diese Mädchen sind hübsch.

hâthâk al-chubz ghâlî.
jener(m) der-Brot teuer
Jenes Brot ist teuer.

hâthîk as-safâra ba*îda.
jene(w) die-Botschaft weite
Jene Botschaft ist weit.

Hat das Hauptwort nicht den Artikel **al-**, wird das hinweisende Fürwort selbständig. Es entsteht ein einfacher Satz ohne Verb:

hâtha kitâb.
dieser(m) Buch
Dies ist ein Buch.

hâthaula fellâhât.
diese(Mz) Bäuerinnen
Das sind Bäuerinnen.

Persönliche Fürwörter

ana	ich (m)	**ihna**	wir
ant	du (m)	**antum**	ihr (m)
antî	du (w)	**antên**	ihr (w)
hûw	er	**hum**	sie (m)
hîy	sie	**hin**	sie (w)

Im Gegensatz zum Deutschen wird im jemenitischen Dialekt bei der Anrede in Ein- und Mehrzahl sowie der 3. Person Mz zwischen den Geschlechtern unterschieden.

Eine Anrede in der Höflichkeitsform 'Sie' gibt es nicht. Statt dessen wird immer 'du' verwendet (Vgl. das Kapitel 'Anrede').

ana almânî / almânîya.
ich Deutscher / Deutsche
Ich bin Deutscher / Deutsche.

antî yemenîya.
du Jemenitin
Du bist Jemenitin.

hûw muslim.
er Muslim.
Er ist Muslim.

hin tâlibât yemenîyât
sie (w, Mz) Studentinnen jemenitische
Sie sind jemenitische Studentinnen.

Besitzanzeigende Fürwörter

Um im jemenitischen Dialekt ein Besitzverhältnis auszudrücken, muß an das Hauptwort eine bestimmte Endung anhängt werden. Wichtig ist dabei, ob das Hauptwort auf einem Mit- oder Selbstlaut endet. 'Mein Buch' umschreiben Sie mit 'Buch-mein'.

	Wort endet auf einem Mitlaut	Wort endet auf einem Selbstlaut
mein (mir, mich)	**-î (nî)**	**-ya**
dein (dir, dich)	**-ak** (m) / **-ish** (w)	**-k** (m) / **sh** (w)
sein (ihm, ihn)	**-uh**	**-h**
ihr (ihr, sie)	**-hâ**	**-hâ**
unser (uns, uns)	**-nâ**	**-nâ**
euer (euch, euch)	**-kum** (m) **/** **-kin** (w)	**-kum (m) / -kin** (w)
ihr (ihnen, ihnen)	**-hum** (m) /**-hin** (w)	**-hum** (m) / **-hin** (w)

Wie Sie sehen, haben die oben genannten Endungen noch eine weitere Bedeutung, die Sie sich schon jetzt einprägen sollten.

Beispiele:

bêtî	**ismak**	**kitâbish**	**achuh**
Haus-mein	*Name-dein (m)*	*Buch-dein (w)*	*Bruder-sein*
mein Haus	dein Name	dein Buch	sein Bruder

Bei weiblichen Haupwörtern tritt wiederum die ursprüngliche Endung **'-at'** an die Stelle von **'-a'**, wenn besitzanzeigende Fürwörter als Endung angehängt werden sollen:

sayyâratnâ ta*bâna. *Auto-unsere müde* Unser Auto ist kaputt.

Jemeniten drücken ein Besitzverhältnis, vor allem bei Gegenständen, oftmals auch mit Hilfe von **h̲agg** (Recht) aus (Vgl. Kapitel Scheinverben):

al-bêt h̲aggî
der-Haus Recht-mein
mein Haus

as-sayyâra h̲aggak ta*bâna.
der-Auto Recht-dein (m) müde
Dein Auto ist kaputt.

Scheinverben

Im Jemenitisch-Arabischen gibt es einige sprachliche Ausdrücke, sogenannte 'Scheinverben', die zwar mitunter eineTätigkeit ausdrükken, ihrer Form nach jedoch keine Verben sind.

Haben

Das deutsche Verb 'haben', auch in der Bedeutung 'besitzen', gibt man mit dem Verhältniswort ***and** *(bei)* oder **ma*a** *(mit)* wieder. Daran werden die besitzanzeigenden Endungen gehängt (vgl. Kapitel 'Besitzanzeigende Fürwörter'). Man sagt also 'bei/mit mir (ist)', wenn man 'ich habe/besitze' ausdrücken will. Beispiele mit ***and**:

***andî**	ich habe	***andnâ**	wir haben
***andak**	du (m) hast	***andkum**	ihr (m) habt
***andish**	du (w) hast	***andkin**	ihr (w) habt
***anduh**	er hat	***andhum**	sie (m) haben
***andhâ**	sie hat	***andhin**	sie (w) haben

***andnâ / ma*anâ bêt djadîd.**
bei-uns / mit-uns Haus neuer
Wir haben ein neues Haus.

***and** und **ma*a** können Sie auch als normale Verhältniswörter verwenden (Vgl. Kapitel 'Verhältniswörter').

Gehören

Das Verb 'gehören' umschreibt man im Jemenitischen mit **milk** (Besitz) oder **h̲agg** (Recht) und den besitzanzeigenden Endungen.

hâthi l-kutub milkî.
diese(w, Ez!) die-Bücher Besitz-mein
Diese Bücher gehören mir.

as-sayyâra haggî.
die Auto Recht-mein
Das Auto gehört mir.

Noch ein Hinweis: **milk** und **hagg** sind austauschbar.

Können

Mit **mumkin** oder auch **yumkin** (möglich) wird das deutsche Hilfsverb 'können' ausgedrückt. Dazu braucht man die besitzanzeigenden Endungen, die an das Verhältniswort **li-** (für) angehängt werden (Vgl. Kapitel 'Wem? oder Wen?'). Das deutsche 'ich kann' muß daher mit **mumkin lî / yumkin lî** *(möglich für-mich)* wiedergeben werden.

mumkin lak trûh bit-taksi.
möglich für-dich du-gehst mit-der-Taxi
Du kannst mit dem Taxi fahren.

mumkin / yumkin bedeuten aber auch 'vielleicht'.

mumkin, *andî wagt.
vielleicht bei-mir Zeit
Vielleicht habe ich Zeit.

In Verbindung mit einem Tätigkeitswort (Gegenwart) heißt **mumkin/ yumkin** ebenfalls 'können' (Vgl. dazu Kapitel 'Tätigkeitswörter').

Müssen

Mit dem Wort **lâzim** (notwendig) wird das deutsche 'müssen', aber auch 'brauchen', umschrieben. Hat der Satz kein Verb, wird die besitzanzeigende Endung an **lâzim** angefügt.

lâzim ashûfak ghudwa.
notwendig ich-sehe-dich(m) morgen
Ich muß dich morgen sehen.

lâzimnâ flûs kathîr.
notwendig-(für)-uns Geld viel
Wir brauchen viel Geld.

Wollen

Um das deutsche 'wollen' oder 'mögen' zum Ausdruck zu bringen, sagt man im Jemenitischen **ashtî ...** (ich will). Diese Form kann auch wie ein normales Verb gebeugt werden (vgl. 'Tätigkeitswörter').

ashtî flûs.
ich-will Geld
Ich will / möchte Geld.

nashtî nashrab shâhi.
wir-wollen wir-trinken Tee
Wir wollen / möchten Tee trinken.

Steigern und Vergleichen

Steigern

Wenn Sie ein Eigenschaftswort steigern wollen (z.B. klein – kleiner), werden dessen Mitlaute der Reihe nach in ein bestimmtes Schema eingefügt:

a - M^1 - M^2 - **a** M^3
a = Selbstlaut **a**; M^1, M^2, M^3 = 1., 2., 3. Mitlaut

Wie erfolgt nun die Anwendung? Das gesteigerte Eigenschaftswort beginnt mit einem **a**, danach folgen der 1. und 2. Mitlaut (M^1 + M^2), der Selbstlaut **a** und der 3. Mitlaut (M^3). Beispiel:

s̲aghîr (klein; jung) besteht aus den Mitlauten **s̲-gh-r**, so daß nach dem Steigerungsschema 'a-s̲-gh-a-r': **as̲ghar** (kleiner; jünger) entsteht.

Dieses Steigerungsschema ist allerdings nicht immer anwendbar, unter anderem bei allen Eigenschaftswörtern mit den Vorsilben **mu-** und **ma-**: beispielsweise **murtâh** (gesund), **madjnûn** (dumm). In diesem Fall setzen Sie **akthar** dahinter:

hûw murtâh akthar.
er gesund mehr
Er ist gesünder.

ant mahbub akthar.
du(m) beliebt mehr
Du bist beliebter.

Wollen Sie zum Ausdruck bringen, daß Ihnen etwas zu teuer, zu klein, zu alt usw. erscheint, verwenden Sie das Eigenschaftswort in der Grundform und setzen **kathîr** (viel) dahinter.

hâtha l-bantalôn ghâlî kathîr.
dieser der-Hose teuer viel
Diese Hose ist zu teuer.

Die 2. Steigerungsstufe (Superlativ) wird folgendermaßen gebildet:

mit **shê** (Sache) bei Gegenständen:

hâtha sh-shamîz aghlâ shê.
dieser der-Hemd teurer Sache
Das ist das teuerste Hemd.

bei Personen:

hûw achî al-akbar.
er Bruder-mein der-größte
Er ist mein ältester Bruder.

Vergleichen

Um Personen oder Dinge miteinander vergleichen zu können, brauchen Sie das Wörtchen **min** (als):

ana akbar min uchtî.
ich größer als Schwester-meine
Ich bin älter als meine Schwester.

at-tuffâh aghlâ min al-môz.
die-Äpfel teurer als die-Bananen
Die Äpfel sind teurer als die B.

Verwenden Sie bei Vergleichen persönliche Fürwörter, dann müssen Sie diese an **min** (als) anhängen:

hûw asghar minî.
er jünger als-mich
Er ist jünger als ich.

ana ta*bân ak<u>th</u>ar minak.
ich müde mehr als-dich(m)
Ich bin müder als du.

Der Vergleich 'so ... wie' wird im Jemen mit **sawa sawa** ausgedrückt.

ana wa-hûw fî l-*umr sawa sawa.
ich und-er in der-Alter gleich gleich
Ich bin so alt wie er.

ash-shamîz wa l-ban<u>t</u>alôn fî s-si*r sawa sawa.
der-Hemd und der-Hose in der Preis gleich gleich
Das Hemd kostet soviel wie die Hose.

Noch ein Hinweis: Im Jemen ist es üblich und gilt auch nicht als unhöflich, daß sich der 'Esel' zuerst nennt, also:

ich und du **ana wa-ant(m) / anti(w)**

Tätigkeitswörter (Verben)

Vergangenheit

Wichtig zu wissen ist, daß im Arabischen allgemein und damit auch im jemenitischen Dialekt die Grundform eines Tätigkeitsworts immer die Vergangenheit ist. Es gibt demzufolge keine Nennform (Infinitiv). Sie wird durch die 3. Person Einzahl männlich ersetzt, z. B. wird 'trinken' mit 'er trank' **sharab** wiedergegeben. In dieser Form (3. P. Ez) finden Sie alle Verben im Wörterverzeichnis.

Diese Grundform ist Ausgang für die Beugung, denn daran werden die entsprechenden Endungen für die Personen (ich, du usw.) angehängt. Im Unterschied zum Deutschen ist die Verwendung des persönlichen Fürwortes nicht notwendig, es sei denn, Sie wollen die betreffende Person besonders hervorheben: '*Ich* trinke, nicht du.'

Die Vergangenheitsform im Jemenitischen entspricht im Deutschen sowohl der vollendeten Gegenwart (Perfekt): 'ich habe getrunken' als auch der einfachen Vergangenheit (Imperfekt) 'ich trank'.

sharabt
trank-ich
ich trank / habe getrunken

hum sharabû
sie (nicht ich) tranken-sie
sie (m) tranken / haben getrunken

Das Beugungsmuster (Endungen) für Verben in der Vergangenheit:

Einzahl (Ez)		Mehrzahl (Mz)	
ich	**-t**	wir	**-nâ**
du (m)	**-t**	ihr (m)	**-tû**
du (w)	**-tî**	ihr (w)	**-tên**
er	(Grundform)	sie (m)	**-û**
sie	**-at**	sie (w)	**-ên**

Ein Beispiel:

sharab	trinken		
sharabt	ich trank	**sharabnâ**	wir tranken
sharabt	du (m) trankst	**sharabtû**	ihr (m) trankt
sharabtî	du (w) trankst	**sharabtên**	ihr (w) trankt
sharab	er trank	**sharabû**	sie (m) tranken
sharabat	sie trank	**sharabên**	sie (w) tranken

Besonderheiten

So einfach ist die Beugung allerdings nicht immer. Bei den folgenden drei Verbarten verändert sich die Grundform, jedoch niemals bei den 3. Personen Einzahl und Mehrzahl.

Bei Verben mit verdoppeltem Mitlaut am Wortende wird zusätzlich ein **-ê** an die Grundform angehängt. **ẖabb** verändert sich zu **ẖabbê-**. Dieses Verb verwenden die Jemeniten recht häufig, denn neben der Bedeutung 'lieben' heißt es auch noch 'mögen, wünschen, wollen'. Sie sollten es sich deshalb gut einprägen.

ẖabb > **ẖabbê-**	lieben		
ẖabbêt	ich liebte	**ẖabbênâ**	wir liebten
ẖabbêt	du (m) liebtest	**ẖabbêtû**	ihr (m) liebtet
ẖabbêtî	du (w) liebtest	**ẖabbêtên**	ihr (w) liebtet
ẖabb	er liebte	**ẖabbû**	sie (m) liebten
ẖabbat	sie liebte	**ẖabbên**	sie (w) liebten

Verben mit einem langen **-â-** in der Mitte verlieren dieses. An dessen Stelle tritt ein kurzes **-u-**, manchmal auch ein kurzes **-i-** (Beispiel: **djâb** (bringen) wird zu **djib-).**

shâf > shuf-	sehen		
shuft	ich sah	**shufnâ**	wir sahen
shuft	du (m) sahst	**shuftû**	ihr (m) sahet
shuftî	du (w) sahst	**shuftên**	ihr (w) sahet
shâf	er sah	**shâfû**	sie (m) sahen
shâfat	sie sah	**shâfên**	sie (w) sahen

Verben mit einem langen **-â** am Wortende verändern dieses zu einem langen **-î**. Auch das vielbenutzte **djâ** (kommen) gehört hierzu:

djâ > djî	kommen		
djît	ich kam	**djînâ**	wir kamen
djît	du (m) kamst	**djîtû**	ihr (m) kamt
djîtî	du (w) kamst	**djîtên**	ihr (w) kamt
djâ	er kam	**djâû**	sie (m) kamen
djât	sie kam	**djâên**	sie (w) kamen

'Sein' in der Vergangenheit

Für die Gegenwart braucht man kein eigenständiges Hilfsverb 'sein' (vgl. Kapitel 'Sätze ohne Verben ...'). Anders in der Vergangenheit: Hier lautet es **kân** (war). Die einzelnen Formen, die viel verwendet werden und deshalb wichtig sind, sehen so aus:

kân > kun-	war		
kunt	ich war	**kunnâ**	wir waren
kunt	du (m) warst	**kuntû**	ihr (m) wart
kuntî	du (w) warst	**kuntên**	ihr (w) wart
kân	er war	**kânû**	sie (m) waren
kânat	sie war	**kânên**	sie (w) waren

Mit **kân** (war) können Sie alle Sätze ohne Verb in der Vergangenheit ausdrücken:

al-bêt haggnâ djadîd.
der-Haus Recht-unser neu
Unser Haus ist neu.

al-bêt haggnâ kân djadîd.
der-Haus Recht-unser war neu
Unser Haus war neu.

Das deutsche 'es war' wird im jemenitischen Dialekt mit **kân** wiedergegeben:

kân djamîl.
war-er schön
Es war schön.

Auch alle im Kapitel 'Scheinverben' genannten Konstruktionen kann man mit einer Form von **kân** in die Vergangenheit setzen, da diese keine eigenen Vergangenheitsformen bilden:

kânat *andî sayyâra djamîla.
war-sie bei-mir Auto schön
Ich hatte ein schönes Auto.

kunt ashtî flûs kathîr.
war-ich ich-will Geld viel
Ich wollte viel Geld.

kân lâzim ashûfak.
war-er notwendig ich-sehe-dich
Ich mußte dich sehen.

Gegenwart

Die Gegenwartsform des Verbs wird von der Grundform Vergangenheit abgeleitet und bietet keine größeren Schwierigkeiten bei der Bildung und Anwendung.

Der dem ersten Mitlaut folgende Selbstlaut entfällt. Aus beispielsweise **sharab** (Grundform der Vergangenheit des Verbs 'trinken') entsteht so die Form **-shrab**, an die die Vor- und Nachsilben für die jeweiligen Personen angehängt werden.

Einzahl (Ez)		Mehrzahl (Mz)	
ich	**a-**	wir	**ni-**
du (m)	**ti-**	ihr (m)	**ti-...-û**
du (w)	**ti-...-î**	ihr (w)	**ti-...-ên**
er	**yi-**	sie (m)	**yi-...-û**
sie	**ti-**	sie (w)	**yi-...-ên**

Auf das Verb **sharab**, **-shrab** (trinken) angewandt, sieht die Beugung folgendermaßen aus:

sharab	trinken		
ashrab	ich trinke	**nishrab**	wir trinken
tishrab	du (m) trinkst	**tishrabû**	ihr (m) trinkt
tishrabî	du (w) trinkst	**tishrabên**	ihr (w) trinkt
yishrab	er trinkt	**yishrabû**	sie (m) trinken
tishrab	sie trinkt	**yishrabên**	sie (w) trinken

In einigen Gegenden des Landes wird der Selbstlaut der Beugungsvorsilbe auch als **-a-** (wie bei der 1. Pers. Ez) gesprochen: **tishrab – tashrab** usw.

Möchte man den Verlauf einer Handlung oder deren Stetigkeit zum Ausdruck bringen, erweitert man die jeweilige Vorsilbe durch **bi-**. Der nachfolgende Selbstlaut **-a-** gleicht sich an und wird ebenfalls **-i-:**

bishrab al-gahwa thalhîn.
ich-trinke der-Kaffee jetzt
Ich trinke jetzt (gerade) Kaffee.

bitihkî *arabî tamâm.
du-sprichst-arabisch gut
Du sprichst gut arabisch.

Noch ein wichtiger Hinweis: Nicht immer bleibt der mittlere Selbstlaut der Grundform Vergangenheit auch in der Gegenwart derselbe. Bei vielen Verben ändert er sich, meist zu **-u-**. Dafür gibt es jedoch keine Regel. In den Wörterlisten im Anhang finden Sie die Gegenwartsform (3. Person Einzahl männlich) jeweils neben der Grundform. Am besten ist es, Sie prägen sich beide Formen gut ein.

Nach dem obigen Muster können Sie die meisten Verben beugen. Nur in einigen Fällen müssen Sie auf Besonderheiten achten:

Bei Verben mit Stimmansatz **'** (**Hamza**) am Wortanfang verändert sich dieser in der Gegenwart zu einem langen **-â-:**

'achath	er nahm	**yâchuth**	er nimmt
'akal	er aß	**yâkul**	er ißt

Langes **-â-** in der Wortmitte wird durch langes **-û-** (selten **-î-**) ersetzt:

zâr	er besuchte	**yizûr**	er besucht
râh	er ging	**yirûh**	er geht
shâf	er sah	**yishûf**	er sieht

Langes **-â** am Wortende wird zu langem **-î**, nur manchmal bleibt es unverändert:

mashâ	er ging/fuhr	**yimshî**	er geht/fährt
shtarâ	er kaufte	**yishtarî**	er kauft
ḫakâ	er redete/sprach	**yiḫkî**	er redet/spricht
tmannâ	er wünschte	**yitmannâ**	er wünscht

Unverändert bleiben alle Verben mit verdoppeltem Mitlaut am Wortende:

ḫabb	er liebte	**yiḫibb**	er liebt
madd	er zog	**yimudd**	er zieht

Befindet sich der verdoppelte Mitlaut in der Mitte, ist der Selbstlaut der Vorsilbe immer **-i-**, ebenso der zweite Selbstlaut der Grundform:

ṣawwar	er fotografierte	**yiṣawwir**	er fotografiert
kabbar	er vergrößerte	**yikabbir**	er vergrößert
kammal	er beendete	**yikammil**	er beendet

Kombination mit Modalverben

Die Ausdrücke **yumkin** (möglich, vielleicht) und auch **lâzim** (notwendig) können Sie mit einem Verb kombinieren:

yumkin râḫ ila s-sûg.
vielleicht ging-er zu der-Markt
Vielleicht ist er zum Markt gegangen.

lâzim yirûḫ ila s-sûg.
notwendig er-geht zu der-Mkt.
Er muß zum Markt gehen.

Zukunft (Futur)

Die Bildung der Zukunft erfolgt mit ***a-**, das der jeweiligen Beugungsvorsilbe vorangestellt wird. Da es nicht übersetzbar ist, steht in der wörtlichen Übersetzung dafür ZUK:

***anirûh̲ ghudwa, in shâ allâh.**
ZUK-wir-fahren morgen, wenn wollte-er Allah.
Wir werden morgen fahren, so Gott will.

***a-adrus *arabî ba*d sanna.**
ZUK-ich-lerne Arabisch nach Jahr
In einem Jahr werde ich Arabisch lernen.

Das deutsche Hilfsverb 'werden' heißt im jemenitischen Dialekt **s̲âr, yis̲îr**, wird aber nicht für die Zukunft verwendet.

kull *ayis̲îr tamâm.
alles ZUK-er-wird gut
Alles wird gut werden.

hîy s̲ârat ta*bâna.
sie wurde-sie müde
Sie ist müde geworden.

'Sein' in der Zukunft

kân > yikûn sein werden			
akûn	ich werde sein	**nikûn**	wir werden sein
tikûn	du (m) wirst sein	**tikûnû**	ihr (m) werdet sein
tikûnî	du (w) wirst sein	**tikûnên**	ihr (w) werdet sein
yikûn	er wird sein	**yikûnû**	sie (m) werden sein
tikûn	sie wird sein	**yikûnên**	sie (w) werden sein

akûn hunâk.
ich-werde-sein dort.
Ich werde dort sein.

Das Mittelwort (Partizip)

Mittelwort der Gegenwart (Partizip I)

Das Partizip I (z.B. trinkend, essend, gehend usw.) wird im jemenitischen Dialekt oft anstelle des Verbs in der Gegenwart gebraucht. Es läßt sich nach einer festen Regel vom Verb herleiten, die aber aufgrund zahlreicher Besonderheiten hier nicht näher erklärt wird. Außerdem findet nicht jedes Partizip Anwendung, so daß es am günstigsten ist, wenn Sie sich die wichtigsten davon einprägen.

Das persönliche Fürwort wird dem Partizip I vorangestellt:

faham *(verstehen)* > **fâhim** *(verstehend)* > **hûw fâhim** *(er verstehend)*

hûw fâhim ist gleichbedeutend mit **(hûw) yifham**, also: er versteht.

Partizipien werden grammatikalisch wie Eigenschaftswörter behandelt. Bezieht sich das persönliche Fürwort auf eine weibliche Person, dann erhält das Partizip die bereits bekannte weibliche Endung **-a**. Dasselbe gilt auch für die Mehrzahl: **-în** (männliche Personen), **-ât** (weibliche Personen).

ana *ârif /*ârifa hâtha!
ich wissend(m/w) dieser
Ich weiß das!

shâyifîn?
sehend(m, Mz)
Haben sie es gesehen / verstanden?

Mit **kân** (war) kann die Vergangenheit gebildet werden:

ih̲nâ kunnâ fâhimîn *alêk ams!
wir waren-wir verstehend(m, Mz) auf-dich(m) gestern
Wir haben dich gestern (schon) verstanden!

	Vergangenheit	Gegenwart	Partizip I
anschauen	**tafarradj**	**yitafarradj**	**mutafarridj**
Angst haben	**châf**	**yichâf**	**châyif**
ausruhen, sich	**rtâh**	**yirtâh**	**murtâh**
benutzen	**sta*mal**	**yista*mil**	**musta*mil**
besuchen	**zâr**	**yizûr**	**zâyir**
bezahlen	**dafa***	**yidfa***	**dâfi***
erklären	**sharah**	**yishrah**	**shârih**
essen	**akal**	**yâkul**	**âkil**
gehen, fahren	**râh**	**yirûh**	**râyih**
kommen	**djâ**	**yidjî**	**djâi**
machen, tun	***amal**	**yi*mal**	***âmil**
sagen	**gâl**	**yigûl**	**gâyil**
schlafen	**nâm**	**yinâm**	**nâyim**
sehen	**shâf**	**yishûf**	**shâyif**
sitzen	**djalas**	**yidjlis**	**djâlis**
trinken	**sharab**	**yishrab**	**shârib**
verstehen	**faham**	**yifham**	**fâhim**
warten	**stannâ**	**yistannâ**	**mustannâ**
wissen	***araf**	**yi*rif**	***ârif**
wohnen	**sakan**	**yiskun**	**sâkin**

Wem? oder Wen?

Für 'dir, dich, mir, mich' usw. in Sätzen wie 'Ich schreibe dir' oder 'Du siehst mich' verwendet man im Jemenitischen die Ihnen schon bekannten besitzanzeigenden Endungen. Sie werden an das Verb angehängt (vgl. Kapitel 'Besitzanzeigende Fürwörter').

Einzige Ausnahme: Bei der 1. Pers. Einzahl ('mir', 'mich') ist die Endung **-nî** statt **-î**.

***a-ashûfak ghudwa.**
ZUK-ich-sehe-dich morgen
Ich sehe dich morgen.

fahimtuh.
verstand-ich-ihn
Ich habe ihn verstanden.

Wie im Deutschen werden manche Verben auch im jemenitischen Dialekt mit Verhältniswörtern (Präpositionen) verbunden (oft **li-** bzw. **la-** 'für'), um eine grammatische Beziehung herzustellen:

ashra<u>h</u> lak hâtha.
ich-erkläre für-dich dieser
Ich erkläre es dir.

katabt lahâ risâla.
schrieb-ich für-sie Brief
Ich habe ihr einen Brief geschrieben.

Bindewörter (Konjunktionen)

wa-lâkin	aber	**bass**	nur
ka'annu	als ob	**auw**	oder
gabl mâ	bevor	**minshân**	um zu, damit, für
ẖatta	bis (daß ...)	**wa-/w-**	und
ba^dėn	danach	**lâ ... wa-lâ**	weder ... noch
innu	daß	**ellî**	welche(r, s)
li'annu	denn, weil	**wagt mâ**	wenn (zeitl.)
ba*d mâ	nachdem	**mit̲h̲l**	wie

Hinweis: **wa-** verschmilzt mit dem Artikel zu **wal-** (und der, und die).

Die Bindewörter werden im großen und ganzen wie im Deutschen verwendet.

Übrigens: Mit **minshân** können Sie eine Sache umschreiben, von der Sie keine genaue Kenntnis haben:

hâtha minshân êsh?
dieser für was?
Wofür ist das?

hâtha minshân tiftaẖ al-bâb.
dieser um-zu du-öffnest die-Tür
Das ist dafür, um die Tür zu öffnen.

innu (daß) wird wie im Deutschen angewendet:

a*rif innu s-sûg ba*îda.
ich-weiß, daß der-Markt weit
Ich weiß, daß es weit bis zum Markt ist.

li*annu (weil) wird auch wie im Deutschen angewendet:

al-*igd ghâlî li*annu gadîm.
der-Halskette teuer weil alt
Die Halskette ist teuer, weil sie alt ist.

Satzkonstruktionen, wie 'der Mann, welcher/der ...' können Sie mit **ellî** (welcher, welche, welches, welche: Mz) bilden:

ar-radjul ellî gâl ...
der-Mann welcher sagte-er ...
Der Mann, der gesagt hat ...

at̲-t̲âliba ellî tidrus fî S̲an*â' ...
die-Studentin welche sie-studiert in San.
Die Studentin, die in Sanaa studiert ...

Wenn Sie allerdings sagen wollen: 'der Mann, den ...', so wird das wie folgt ausgedrückt:

ar-radjul ellî shuftuh ams fî s-sûg ...
der-Mann welcher sah-ich-ihn gestern in der-Markt ...
Der Mann, den ich gestern auf dem Markt gesehen habe ...

Verhältniswörter (Präpositionen)

***ala**	auf	**ba*d**	nach (zeitl.)
ghêr	außer	**ila**	nach, zu, in (Richtung)
***and**	bei	**djamb**	neben
h̲atta	bis	**bidûn**	ohne
li	für, nach, zu	**fôg**	über
warâ	hinter	**tah̲t**	unter
fî	in (Ort)	**min**	von, aus
wast̲	inmitten (von)	**gabl**	vor (zeitl.)
ma*a	mit	***an**	von ... weg
bi	mit, in (Ort)	**bên**	zwischen

Verhältniswörter, die auf einen Selbstlaut enden, verschmelzen in der Aussprache mit dem nachfolgenden Artikel **al-** so daß dessen **'a'** wegfällt. Mitunter wird der Selbstlaut verkürzt:

li + al = lil	**lil-bint**	für das Mädchen
fî + al =fil	**fil-bêt**	zu Hause
bi + al = bil	**shâhi bil-halîb**	Tee mit Milch
ila + al = ilal	**ilal-madîna**	in die Stadt

Um das deutsche 'ohne mich', 'bei dir' usw. auszudrücken, werden im Arabischen die bereits bekannten besitzanzeigenden Fürwörter an die entsprechenden Verhältniswörter angehängt:

***andah**
bei-ihr
bei ihr

al-hagg ma*ak.
das-Recht mit-dir(m)
Du hast recht.

riht ilêh.
ging-ich zu-ihm
Ich ging zu ihm.

mâ fîhsh
nicht-ist in-ihm-nicht
Es gibt nicht. / Es ist nicht vorhanden.

Fragen

Ergänzungsfragen

mata?	wann?	**bikam?**	wie teuer?
lêsh?	warum?	**kam?**	wieviel(e)?
êsh?	was?	**ain?**	wo?
aiy?	welche(r, -s)?	**min ain?**	woher?
mîn?	wer?	**ila ain?**	wohin?
kêf?	wie?	**minshân êsh?**	wozu?, wofür?
aiwa? / *afwan?	wie bitte?		

Fragewörter stehen wie im Deutschen auch am Satzanfang:

mata ashûfak?
wann ich-sehe-dich(m)?
Wann sehe ich dich?

mîn ant?
wer du(m)?
Wer bist du?

kêf hâlak?
wie Zustand-dein(m)?
Wie geht es dir?

bikam hâtha l-bachûr?
wieviel dieser der-Weihrauch?
Wieviel kostet dieser Weihrauch?

Mitunter steht das Fragewort auch nach dem Hauptwort, vor allem dann, wenn die Frage betont werden soll:

hâtha bêt mîn?
dieses Haus wer?
Das ist wessen Haus?

djît mata?
kamst-du(m) wann?
Wann bist du denn nun gekommen?

An Fragewörter können Sie auch besitzanzeigende Fürwörter anhängen:

kêfak?
wie-du(m)?
Wie geht es dir?

***afwan, as-safâra al-almânîya, ainhâ?**
Entschuld., die-Botschaft die-deutsche, wo-ihr?
Entschuldigung, wo ist die dte. Botschaft?

Entscheidungsfragen

Fragen, die Sie mit 'ja' oder 'nein' beantworten können, sind Entscheidungsfragen. Sie haben keine Fragewörter und werden beispielsweise mit **fîh**? (gibt es?) gebildet.

fîh shâi *andkum?
er-gibt Tee bei-euch?
Haben Sie Tee?

fîh môz tâzidj?
er-gibt Bananen frisch?
Gibt es frische Bananen?

Auch im jemenitischen Dialekt kann ein Ausagesatz als Frage wiedergegeben werden, indem man die Stimme am Satzende anhebt.

al-yôm *andak wagt?
heute bei-dir Zeit?
Hast du heute Zeit?

aiwa, (al-yôm)*andî wagt.
Ja, (heute) bei-mir Zeit
Ja, ich habe (heute) Zeit.

Verneinung

Nominalsätze (Sätze ohne Verben) werden mit **mush** (nicht), in einigen Gegenden auch **mish**, verneint. Es steht immer vor dem Eigenschafts- oder Hauptwort. Die Satzstellung verändert sich dadurch nicht.

al-chubz musch ghâlî.
der-Brot nicht teuer
Das Brot ist nicht teuer.

al-mustashfâ mush ba*îd.
die-Krankenhaus nicht weit
Das Krankenhaus ist nicht weit.

hâtha l-akl mush tamâm.
dieses der-Essen nicht gut
Dieses Essen ist nicht gut.

lâ, ana mush indjlîzî.
nein, ich nicht Engländer
Nein, ich bin kein Engländer.

Hat der Satz ein Verb, wird es mit **mâ ...sh** (nicht) verneint. Dabei wird **mâ** dem Verb vorangestellt und **-sh** an dieses angehängt.

mâ a*rifsh.
nicht ich-weiß-nicht
Ich weiß nicht.

mâ katabtsh lak risâla.
nicht schrieb-ich-nicht für-dich Brief
Ich habe dir keinen Brief geschrieben.

lêsh mâ djîtsh ams?
warum nicht kamst-du(m)-nicht gestern?
Warum bist du nicht gestern gekommen.

mâ shuftihâsh fil-bêt?
nicht sahst-du(w)-sie-nicht in-dem-Haus
Hast du sie nicht zu Hause angetroffen?

Die Konstruktionen ***and** (bei) für 'haben', **lâzim** (notwendig) für 'müssen', **mumkin** (möglich) für 'können' und **fîh** (es gibt) werden ebenfalls mit Hilfe von **mâ ...sh** verneint.

mâ *andîsh wagt thalh̲în.
nicht bei-mir-nicht Zeit jetzt
Ich habe jetzt keine Zeit.

mâ fîhsh flûs.
nicht er-gibt-nicht Geld
Es ist kein Geld da.

Für die Verneinungen 'nichts', 'nie(mals)', 'niemand' und 'nirgends' hat das Jemenitisch-Arabische besondere Konstruktionen parat. Das Verb bzw. Hilfsverb wird – wie oben erklärt – verneint und durch ein zusätzliches Wort erweitert.

mâ ...sh wa-lâ shê *nicht ...-nicht und-nein Ding* gar nichts	**mâ ...sh wa-lâ marra** *nicht ...-nicht und-nein Mal* kein einziges Mal
mâ ...sh shê *nicht ...-nicht Ding* nichts	**mâ ...sh kull shê** *nicht ...-nicht ganz Ding* nicht alles
mâ ...sh abadan *nicht ... nicht nie* nie, niemals	**mâ ...sh ah̲ad** *nicht ...-nicht einer* niemand(en)

mâ akaltsh wa-lâ shê.
nicht aß-ich-nicht und-nein Ding
Ich habe gar nichts gegessen.

mâ shuftuhsh wa-lâ marra.
nicht sah-ich-ihn-nicht und-nein Mal
Ich habe ihn kein einz. Mal gesehen.

mâ sharabtsh chamr abadan.
nicht trank-ich-nicht Alkohol nie
Ich habe noch nie Alkohol getrunken.

mâ djâsh ahad al-yôm.
nicht kam-er-nicht einer heute
Heute ist niemd. gekommen.

Noch ein Hinweis: **shê** (Ding, Sache, etwas) wird für alles verwendet, was einem gerade nicht einfällt, oder was man nicht kennt. Dieselbe Bedeutung hat **h̲âdja**, das auch genauso gebraucht wird. Sie sollten sich beide Wörter gut einprägen.

Auffordern

Die Regeln zur Bildung der Befehlsform (Imperativ) sind zu umfangreich und kompliziert, um sie hier alle zu erklären. Es ist deshalb günstig, wenn Sie die wichtigsten Befehlsformen auswendig lernen und andere bei Bedarf in den Wörterlisten im Anhang nachschlagen.

Ausgegangen wird bei der Bildung der Befehlsform von der 2. Person Einzahl bzw. Mehrzahl des Verbs in der Gegenwart, wobei die Vorsilbe **ti-** entfällt. An ihre Stelle tritt entweder ein **i-**, wenn der Selbstlaut des Verbes **-a-** bzw. **-i-** ist, oder (selten) ein **u-**, wenn dieser Selbstlaut ebenfalls **-u-** ist. Bei nicht wenigen Verben (wer sich näher damit befassen will: Es handelt sich um die Verben einiger erweiterter Stämme) fällt einfach die bereits genannte Vorsilbe weg.

Beispiel:

tishrab	>	**ishrab!**	**tishrabû**	>	**ishrabû!**
du trinkst		trink!	ihr trinkt		trinkt!

Die weiblichen Befehlsformen sind:

tishrabî	>	**ishrabî!**	bzw.	**tishrabên**	>	**ishrabên!**

Einige häufige Befehlsformen:

Befehlsform Einzahl		Befehlsform Mehrzahl	
bring!	**djîb!**	bringt!	**djîbû!**
frag!	**is'al!**	fragt!	**is'alû**
geh!	**imshi!/rûh!**	geht!	**imshû!/rûhû!**
iß!	**kul!**	eßt!	**kûlû!**
nimm!	**chuth!**	nehmt!	**chuthû!**
sag!	**gul!**	sagt!	**gûlû!**
schau!	**shûf!**	schaut!	**shûfû!**
schreib!	**uktub!**	schreibt!	**uktubû!**
setz dich!	**idjlis!**	setzt euch!	**idjlisû!**
sprich!	**ihki**	sprecht!	**ihkû!**
trink!	**ishrab**!	trinkt!	**ishrabû!**

Sehr viel verwenden Jemeniten auch folgende Befehlsformen, die auf kein gebräuchliches Tätigkeitswort zurückgeführt werden können:

hât!	**ta*âl!**	**chalâs!**
bring her!, gib!	komm her!	hör auf!

Verstärkt werden kann die Befehlsform durch **yalla!** (los!, schnell!), das dann meist vor den Befehl gesetzt wird.

yalla ta*âlû!
schnell kommt(m)!-her
Schnell, kommt schon her!

yalla rûh!
schnell geh!
Los, hau ab!

Verbunden werden kann **yalla** auch mit einem indirekten Befehl:

yalla nimshî!
los wir-gehen!
Los, gehen wir!

Zahlen und Zählen

Grundzahlen

Unsere Ziffern nennen wir arabisch, da sie einst von den Arabern über Spanien und Sizilien nach Europa gebracht wurden. Allerdings sehen die in der arabischen Welt heute gebräuchlichen Ziffern völlig anders aus und werden dort als 'indische Ziffern' bezeichnet. Unterschiede bestehen dabei zwischen der gedruckten (oben) und der handgeschriebenen Form (unten):

١	٢	٣	٤	٥	٦	٧	٨	٩	٠
١	٢	٣	٤	٥	٦	٧	٨	٩	٠
1	2	3	4	5	6	7	8	9	0

Übrigens: Im Gegensatz zur arabischen Schrift werden die Zahlen wie bei uns von links nach rechts geschrieben. Denken Sie also daran, wenn Sie beispielsweise einkaufen!

0	**sifr**	4	**arba*a**	8	**thamânya**
1	**wahid**	5	**chamsa**	9	**tis*a**
2	**ithnên**	6	**sitta**	10	***ashra**
3	**thalâtha**	7	**sab*a**		

Die Zahlen von 11 bis 19 haben die Endung -***ashar**:

11	**ihda*ashar**	14	**arba*at*ashar**	17	**saba*ta*ashar**
12	**ithna*ashar**	15	**chamsta*ashar**	18	**thamanta*ashar**
13	**thalâtha*ashar**	16	**sitta*ashar**	19	**tis*ata*ashar**

Die Zahlen von 20 bis 90 (Zehner) haben die Endung **-în**:

20	***ishrîn**	50	**chamsîn**	80	**thamânîn**
30	**thalâthîn**	60	**sittîn**	90	**tis*în**
40	**arba*în**	70	**sab*în**		

Einer- und Zehnerzahlen werden mit **wa-** (und) verbunden, so daß – wie im Deutschen auch – der Einer vor dem Zehner steht: **wâhid wa-*ishrîn** heißt demzufolge *eins-und-zwanzig:*

21	**wâhid wa-*ishrîn**	22	**ithnên wa-*ishrîn**
23	**thalâtha wa-*ishrîn**		usw.

Die Zahlen von 100 bis 900 (Hunderter) haben die Endung **-miya** (hundert). Lediglich die 200 weicht davon ab, da sie die Zweizahl von 100 ist.

100	**miya**	400	**arba*miya**	700	**sab*miya**
200	**miyatên**	500	**chamsmiya**	800	**thamânmiya**
300	**thalâthmiya**	600	**sittmiya**	900	**tis*miya**

Die Zahlen von 1000 bis 10.000 (Tausender) haben die Endung **-alf**, mit Ausnahme von 2000, das die Zweizahl von 1000 ist.

1000	**alf**				
2000	**alfên**	5000	**chamsa alf**	8000	**thamâniya alf**
3000	**thalâtha alf**	6000	**sitta alf**	9000	**tis*a alf**
4000	**arba*a alf**	7000	**sab*a alf**	10.000	***ashara alf**

'Million' ist im jemenitischen Dialekt ein Fremdwort und heißt deshalb **malyûn**.

Weitere Zahlen können Sie wie im Deutschen durch Zusammensetzungen bilden:

16.150 **sitta*ashar alf wa-miya wa-chamsîn**
sechzehn tausend und-hundert und-fünfzig

50.555 **chamsîn alf wa-chamsmiya wa-chamsa wa-chamsîn**
fünfzig tausend und-fünfhundert und-fünf und-fünfzig

Zählen

Gezählte Personen oder Gegenstände stehen immer hinter dem Zahlwort. Drei bis zehn verlangen die Mehrzahl, alle anderen die Einzahl.

***andî *ashara kutub**
bei-mir zehn Bücher
Ich habe zehn Bücher.

***andak chamsîn riyâl?**
bei-dir fünfzig Rial?
Hast du fünfzig Rial (bei dir)?

Grundrechenarten

Addition	(+, plus, und)	**wa / zâ'id**	*und*
Subtraktion	(-, minus, weniger)	**nâgis**	*weniger*
Multiplikation	(x, mal)	**fî**	*in*
Division	(/, geteilt durch)	***ala**	*auf*
Ergebnis	(=, ist gleich)	**yisâwî**	*gleicht*
Prozent	(%, pro hundert)	**fil-miya**	*in-die-Hundert*

50 Rial + 200 Rial = 250 Rial
chamsîn riyâl wa / zâ'id miyatên riyâl yisâwî miyatên wa-chamsîn riyâl
fünfzig Rial und zweihundert Rial gleicht zweihundert und-fünfzig Rial

10 x 5 = 50
***ashara fî chamsa yisâwî chamsîn**
zehn in fünf gleicht fünfzig

tis*a wa-tis*în fil-miya min al yemenîyîn muslimîn
neun und-neunzig in-die-hundert von die-Jemeniten Muslime
99 % der Jemeniten sind Muslime

Ordnungszahlen

Die Ordnungszahlen werden den Eigenschaftswörtern zugeordnet und deshalb wie diese behandelt. Beziehen sie sich auf ein weibliches Hauptwort, erhalten sie die weibliche Endung **-a**.

awwal, ûlâ	erster, erste	**sâdis, -a**	sechster, sechste
thânî, ya	zweiter, zweite	**sâbi*, -a**	siebter, siebte
thâlith, -a	dritter, dritte	**thâmin, -a**	achter, achte
râb*, -a	vierter, vierte	**tâsi*, -a**	neunter, neunte
châmis, -a	fünfter, fünfte	***âshir, -a**	zehnter, zehnte

Ab '11.' (elfter, elfte) verwendet man im Jemenitischen die Grundzahlen gleichzeitig als Ordnungszahlen.

ash-shâri* al-awwal ila sh-shimâl
der-Straße der-erste nach links
die erste Straße nach links

at-tâlib al-*ishrîn
der-Student der-zwanzig
der zwanzigste Student

Bei Aufzählungen 'erstens, zweitens' usw. werden nur die Ordnungszahlen, von 1 bis 10 erweitert durch die Endung **-an**, gebraucht:

awwalan	erstens	**thâniyan**	zweitens	usw.

Mitunter wird auch **awwal shê** (Ding, Sache) usw. gesagt.

Bruchzahlen

1/2	**nuss**	1/4	**rub***	1/6	**suds**
1/3	**thulth**	1/5	**chums**	1/7	**sub***

Verstärkt bzw. betont werden können die Bruchzahlen durch **wâhid** (eins): z.B. **wâhid rub*** (ein Viertel).

Zeit und Datum

Wichtige Zeitwörter

masâ'an	abends	**ghudwa**	morgen
ba*dên	danach, später	**subh**	morgens
badrî	frühmorgens	***asr**	nachmittags
ams	gestern	**bil-lêl**	nachts
al-yôm	heute	*in-die-Nacht*	
der-Tag		**muttachir**	spät
dâ'iman	immer	**ba*d ghudwa**	übermorgen
thalhîn	jetzt	*nach morgen*	
zuhr	mittags	**awwal ams**	vorgestern
		erster gestern	

***animshî ghudwa ila San*â'.**
ZUK-wir-gehen morgen nach Sanaa
Wir fahren morgen nach Sanaa.

ashûfak maghrib.
ich-sehe-dich(m) Sonnenuntergang
Ich treffe dich am (frühen) Abend.

Uhrzeit

***afwan, kam as-sâ*a (thalhîn)?**
Entschuldigung, wieviel die-Stunde (jetzt)
Entschuldigung, wie spät ist es (jetzt)?

Die Antwort auf diese Frage sieht folgendermaßen aus: 'vor' heißt **illâ** *(weniger)* und 'nach' **wa-** *(und),* 'Stunde' **sâ*a**. Für die Angabe der Stunden verwenden Sie einfach die Grundzahlen, mit einer Ausnahme: bei 'ein Uhr' sagen Sie **as-sâ*a wâhida.** Ansonsten ist es auch im Jemen üblich, die Stunden nur bis 12 zu zählen und dann wieder mit eins zu beginnen.

thalhîn as-sâ*a wâhida.
jetzt die-Stunde erste
Es ist jetzt ein Uhr.

as-sâ*a arba*a wa-nuss.
die-Stunde vier und-Hälfte
Es ist halb fünf.

Sie können **sâ*a** auch weglassen:

sitta illâ *ashara
sechs weniger zehn
zehn vor sechs

***ashara wa-thulth**
zehn und-Viertel
viertel nach zehn

Wenn Sie genau angeben wollen, welches (beispielsweise) 'neun Uhr' Sie meinen, dann fügen Sie entweder **gabl az-zuhr** (vormittags) oder **masâ'an** (abends) hinzu.

Einige ergänzende Wörter:

sâ*a (sâ*ât Mz)	Stunde; Uhr(zeit)	**biz-zabt**	genau
dagîga (dagâyig Mz)	Minute	**tagrîban**	ungefähr
thâniya (thawânî Mz)	Sekunde		

Wochentage

(yôm) al-a<u>h</u>ad	Sonntag	**(yom) al-chamîs**	Donnerstag
(yôm) al-i<u>th</u>nên	Montag	**(yôm) al-djum*a**	Freitag
(yôm) a<u>th</u>-<u>th</u>alû<u>th</u>	Dienstag	**(yôm) as-sabt**	Samstag
(yôm) ar-rabû*	Mittwoch		

yôm bedeutet 'Tag' und kann auch weggelassen werden.

Da der Jemen ein islamisches Land ist, unterscheiden sich Beginn und Ende der Woche von den bei uns üblichen, d.h. der erste Tag ist der Samstag (**yôm as-sabt**) und der letzte der Freitag (**yôm al-djum*a**).

Monate

In den arabischen Ländern, darunter auch im Jemen, existieren zwei Zeitrechnungen, die islamische und die christliche. Entsprechend der religiösen Orientierung kommt entweder der einen oder der anderen die größere Bedeutung zu. Im Jemen werden beide verwendet, die islamische vor allem im religiösen Bereich und die christliche im Alltag und im Verkehr mit dem nichtislamischen Ausland.

Dem islamischen Kalender liegt das Mondjahr mit 354 Tagen zugrunde, die sich auf insgesamt 12 Monate verteilen. Sie 'durchwandern' rückwärts den christlichen Kalender.

1.	**al-mu<u>h</u>arram**	7.	**radjab**
2.	**<u>s</u>afar**	8.	**sha*bân**
3.	**rabî* al-awwal**	9.	**rama<u>d</u>ân** (Fastenmonat)
4.	**rabî* a<u>th</u>-<u>th</u>ânî**	10.	**shawwâl**
5.	**djumâda al-ûla**	11.	**thû al-ga*da**
6.	**djumâda al-achîra**	12.	**thû al-hidjdja** (Pilgermonat)

Die Monate des christlichen Kalenders sind aus Europa übernommen und werden wie folgt ausgesprochen:

yanâyir	Januar	**yûlyu**	Juli
febrâyir	Februar	**aghustus**	August
mârs	März	**sibtambar**	September
abrîl	April	**oktûbar**	Oktober
mâyu	Mai	**novâmbar**	November
yûnyu	Juni	**disâmbar**	Dezember

Jemeniten mit geringem Bildungsniveau haben mit den für sie fremden Bezeichnungen oft Schwierigkeiten und sprechen lieber vom 'ersten Monat' (**ash-shahr al-awwal**) für Januar, vom 'zweiten Monat' (**ash-shahr ath-thânî**) für Februar usw. Das Datum sieht dann so aus:

(yôm) ar-rabû* (fî) sitta aghustus / ash-shahr al-thâmin
Mittwoch, der 6. August

Einige Ergänzungen:

yôm (**ayyâm** Mz)	Tag	**al-*âm ellî fât**	voriges Jahr
		der-Jahr welcher verging-er	
usbû* (**asâbî*** Mz)	Woche	**hâtha l-*âm**	dieses Jahr
shahr (**shuhûr** Mz)	Monat	**al-*âm al-djây**	nächstes Jahr
***âm** (**a*wâm** Mz)	Jahr	*der-Jahr der-kommende*	

Jahreszeiten

rabî*	Frühling	**charîf**	Herbst
sêf	Sommer	**shitâ**	Winter

Maße und Gewichte

grâm	Gramm	**metr**	Meter
kîlu	Kilogramm	**kîlu**	Kilometer
lîtr	Liter		

Neben dem inzwischen überall im Jemen verbreiteten metrischen System finden vor allem im ehemaligen Südjemen noch traditionelle Gewichtseinheiten Verwendung. Sie sind jedoch von Gegend zu Gegend unterschiedlich, hier die drei wichtigsten:

dabba	20 Liter (meist beim Benzintanken gebraucht)
mîl	Meile (nur im Süden)
ratl	ca. 470 g (nur im Süden)

bikam ithnên kîlu tuffâh?
wieviel zwei Kilo Äpfel
Wieviel kosten zwei Kilo Äpfel?

***abbi dabbatên betrûl!**
Fülle Dabba-zwei Benzin
Fülle bitte 2 Dabba (=40 l) Benzin ein!

kam kîlu min San*â' ila Ta*izz?
wieviel Kilometer von Sanaa nach Taiz
Wieviel Kilometer sind es von Sanaa nach Taiz?

Die jemenitische Währung heißt **Riyâl** (Rial, Abkürzung: YR). Die kleinere Einheit ist **Fils** (**Fulûs** Mz). 1 Rial entspricht 100 Fils. Aufgrund der hohen Inflation spielen Fils heute keine Rolle mehr. Preise werden grundsätzlich in Rial angegeben.

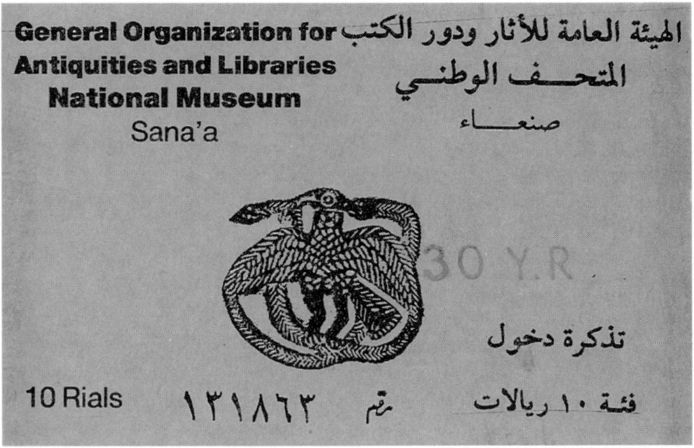
General Organization for
Antiquities and Libraries
National Museum
Sana'a
الهيئة العامة للأثار ودور الكتب
المتحـــف الوطنـــي
صنعـــاء
30 Y.R
تذكرة دخول
10 Rials
١٣١٨٦٣
رقم
فئة ١٠ ريالات

REPUBLIC OF YEMEN
الجمهورية اليمنية
45
8
THE 45TH ANNIVERSARY OF THE
FOUNDATION OF THE UNITED NATIONS

YEMEN ARAB REPUBLIC
الجمهورية العربية اليمنية

Kurz-Knigge

Der Jemen ist ein tief religiöses Land, in dem der Islam auch heute noch fest im Denken und Fühlen der Menschen verwurzelt ist. Mehr als 99% der Bevölkerung bekennen sich zu dieser Religion, davon sind etwa die eine Hälfte Schiiten und die andere Sunniten. Darüber hinaus spielen vor allem in den Bergregionen des Nordens jahrhundertealte Stammestraditionen eine große Rolle. Das sollten Sie wissen und gleichzeitig das folgende beachten, wenn Sie in den Jemen reisen.

● Freizügige **Bekleidung**, besonders bei Frauen, gilt als unschicklich und demzufolge schamlos. Lange Kleider, die die Oberarme und die Knie bedecken, sind angebracht. Shorts bei Männern wirken lächerlich, da kurze Hosen zur Unterwäsche gehören. Generell sollten Sie farblich auffallende und den Körper betonende Kleidung vermeiden.

● Das **Fotografieren** von Frauen und Betenden sollten Sie unterlassen. Aber auch sonst verlangt es die Höflichkeit, die Menschen erst zu fragen, bevor Sie 'losschießen'. Denken Sie daran, daß es durchaus lächerlich wirken kann, wenn Sie alles und jeden unbedingt fotografieren wollen (Vgl. Kapitel 'Fotografieren').

● Nur einige wenige **Moscheen**, ausschließlich im südlichen Jemen, dürfen auch von Nicht-Muslimen betreten werden. Achten Sie auf eine dem Charakter dieses Ortes angemessene Kleidung! Frauen müssen ein Kopftuch tragen. Der Zutritt zu **Grabstätten** muslimischer Heiliger **(gubba, gubab** Mz.) und Friedhöfen **(magâbir)** ist nicht gestattet. Übrigens: Gespräche, in denen Sie möglicherweise Kritik am Islam üben, sollten Sie auf jeden Fall vermeiden.

● Im Fastenmonat **Ramadan** dürfen Muslime von Sonnenaufgang bis Sonnenuntergang weder essen noch trinken und auch nicht rauchen. Unterlassen Sie es ebenfalls in der Öffentlichkeit, wenn Sie in dieser Zeit durch den Jemen reisen!

● **Alkohol**, auch wenn das Wort übrigens arabischen Ursprungs ist (**al-kohl** – die Jemeniten nennen ihn allerdings **chamr**, *Wein*) dürfen gläubige Muslime nicht trinken. Auch im Jemen hält sich nicht jeder daran. Dennoch gilt Trunkenheit, insbesondere in der Öffentlichkeit, als äußerst verwerflich.

● **Zärtlichkeiten** jeglicher Art zwischen Mann und Frau in der Öffentlichkeit sind verpönt. Auch das Händchenhalten ist unüblich. Im Gegensatz dazu werden Sie häufig beobachten, daß Männer miteinander, mitunter auch Frauen, Hand in Hand gehen. Das ist im Jemen lediglich eine Geste der Freundschaft.

● Wer bei Jemeniten zu **Besuch** ist, sollte vor Betreten der Wohnung die Schuhe ausziehen. Man sitzt gewöhnlich auf Matten und Teppichen, selbst während des Essens. Achten Sie darauf, daß Sie anderen nicht ihre Fußsohlen entgegenstreckern, denn dies gilt als unfein.

● **Alleinreisende Frauen** im Jemen trifft man nur hin und wieder. Abzuraten ist allerdings davon, als Frau ganz allein durch das Land zu fahren, auch wenn man Ihnen gegenüber immer höflich auftritt. Die Stammestraditionen verlangen es, Frauen zu achten und auch zu schützen. Nach jemenitischen Vorstellungen sollte sich eine Frau daher nur in Männerbegleitung auf die Reise begeben. Zeigen Sie als Frau jederzeit Selbstbewußtsein und eine gewisse Distanz. Achten Sie aber vor allem auf eine angemessene Kleidung, um keine Mißverständnisse aufkommen zu lassen. Echte 'Plagegeister' sind Kinder, die mitunter etwas aufdringlich werden. Dennoch: Wirklich bedrohliche Situationen, anders als bei uns, gibt es nicht.
Falls Sie belästigt werden, können Ihnen die folgenden Ausrufe helfen:

mâ lak / lish?
was für-dich(m/w)
Was willst du?

***êb *alêk / -ish!**
Schande über-dich(m/w)
Schäm dich!

rûh, yâ walad! / rûhî, yâ bint!
geh, oh Junge / geh, oh Mädchen
Hau ab, Junge / Mädchen! (zu Kindern)

● **Gesten und Handzeichen** werden im Jemen häufiger und mit mehr Nachdruck als bei uns angewendet. Sie weichen von den deutschen beispielsweise mitteleuropäischen teilweise stark ab. Tippt man mit dem Zeigefinger an die Stirn und zeigt dabei auf Sie, dann müssen Sie nicht empört sein, denn das soll heißen, daß Sie viel Verstand haben! Die folgenden Zeichnungen sollen Ihnen die häufigsten Handzeichen verdeutlichen:

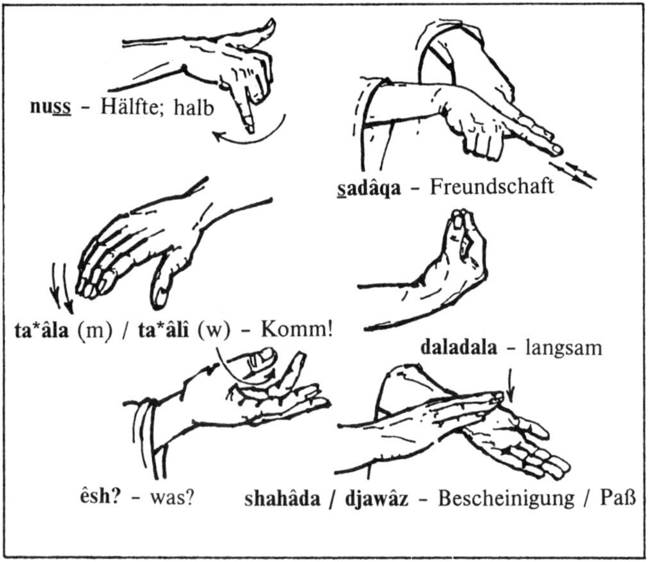

Begrüßen / Verabschieden

Die Begrüßung im Jemen ist überall herzlich und überschwenglich. Dafür gibt es viele Grußformeln, die dem Anlaß entsprechend verwendet und oft mehrfach wiederholt werden. Häufig wird Allah mit in den Gruß einbezogen. All dies gehört zu einem ausgeprägten Begrüßungsritual, das in der Achtung vor dem anderen begründet ist. Höflichkeit und Freundlichkeit sind für einen Jemeniten oberstes Gebot, auch wenn er es noch so eilig hat oder ihn Sorgen drücken. Niemals wird er gleich 'mit der Tür ins Haus fallen'. Darauf sollten auch Sie achten.

Viel wichtiger ist es, den geeigneten Gruß zu kennen, als ihn sofort richtig grammatisch zu formulieren. Werden Sie begrüßt, und sie wissen den erforderlichen Gegengruß nicht, reicht bereits das Wort **shukran!** (danke!). So gelten Sie nicht als unhöflich und hochnäsig.

Die nachfolgenden Grußformen können Sie in jeder Situation verwenden:

marhaba!	Antwort:	**ahlan (bik/bikum)!**
willkommen		*willkommen (mit-dir/mit-euch)*
Willkommen!		Willkommen!

Betreten Sie ein Geschäft, ein Haus oder eine Wohnung, so werden Sie begrüßt (oft mehrmals hintereinander) mit:

ahlan wa-sahlan!	Antwort:	**ahlan bik/bikum!**
Herzlich willkommen!		Willkommen!

Als Ausländer können Sie im Jemen bis zwölf Uhr mittags mit 'Guten Morgen!' und ab etwa fünf Uhr nachmittags mit 'Guten Abend!' grüßen. Dazwischen sagen Sie einfach **marhaba** oder **ahlan**. Natürlich benutzen auch Jemeniten diese Wendungen.

s̲abâh̲ al-chêr! Antwort: **s̲abâh̲ an-nûr!**
Morgen der-Güte — *Morgen der-Licht*
Guten Morgen! — Guten Morgen!

masâ al-chêr! Antwort: **masâ an-nûr!**
Abend der-Güte — *Abend der-Licht*
Guten Abend! — Guten Abend!

Phantasievolle Ausschmückungen dieser Wendungen, vor allem als Wiederholung, sind sehr beliebt:

s̲abâh̲ / masâ al-ful wa-l-yâsmîn! oder: **s̲abâh̲ / masâ al-ward!**
Morgen/Abend der-Jasmin und der-Jasmin — *Morgen/Abend die-Rosen*
'Jasminigen' Morgen/Abend! — 'Rosigen' Morgen/Abend!

Die folgenden Grußformen sind Teil traditioneller islamischer Verhaltensnormen. Sie werden sie im Jemen zu jeder Tageszeit und allerorts hören. Man legt dabei die rechte Hand auf die Brust und will damit die Verbundenheit mit dem Gegrüßten zum Ausdruck bringen.

(as-)salâmu *alêkum! Antwort: **wa-*alêkum as-salâm!**
(der-)Friede über-euch/dir — *und-über-euch/dir der-Friede*
Seid /sei gegrüßt! — Seid /sei ebenfalls gegrüßt!

Manchmal sagt man in der Antwort auch **wa-*alêk as-salâm!**, wenn es sich nur um eine Person handelt, wodurch die Wertigkeit des Grußes erhöht werden soll.

Mit der Begrüßung spricht man gern folgenden Wunsch aus:

allâh yisallimak(-ish, w)!
Allah er-verschont-dich
Möge Allah dich unversehrt lassen!

Bei der Ankunft eines Gastes, vor allem nach einer längeren Reise, sagt man zu ihm:

al-hamdu lil-lâh *ala s-salâma!
der-Lob für-Allah über die-Unversehrtheit
Allah sei gelobt für die Unversehrtheit!

Bei der Begrüßung umarmen sich Verwandte, Freunde oder Freundinnen des gleichen Geschlechts, verbunden mit einem angedeuteten Kuß auf die rechte und die linke Wange, und schütteln sich die Hände. Kennt man sich weniger gut, wird nur die rechte Hand gereicht. Die linke gilt als unrein, da sie beim Waschen auf der Toilette benutzt wird.

Ältere Menschen werden im Jemen achtungsvoll behandelt. Jüngere küssen den Erwachsenen die Hand, die diese ihrerseits an die Lippen oder auf die Stirn legen.

Fester Bestandteil einer jeden Begrüßung ist die Frage nach der 'Lage' **(hâl)**, also nach der Gesundheit **(sihha)**, der Familie **(usra/*âila)** und eventuellen Neuigkeiten **(achbâr)**. Als unhöflich gilt es im Jemen, wenn ein Mann einen anderen nach dem Befinden seiner Frau fragt. Statt dessen erkundigt man sich nach der Familie.

kêf hâlak? (zum Mann)
wie Lage-dein(m)
Wie geht es dir/Ihnen?

kêf hâlish? (zur Frau)
wie Lage-dein(w)
Wie geht es dir/Ihnen?

kêf sihhatak?
wie Gesundheit-dein(m)
Was macht deine/Ihre Gesundheit?

kêf usratak/*âilatak?
wie Familie-dein(m)
Wie geht es dein./Ihr. Familie?

Die Antwort lautet meist:

tamâm, al-hamdu lil-lâh!
gut, das-Lob für-Allah
Gut, Gott sei Dank!

Geht es einem nicht besonders gut, sagt man einfach nur **al-h̲amdu lil-lâh!** Die Höflichkeit verbietet es, sofort auf das eigene schlechte Befinden hinzuweisen.

Auch für die Verabschiedung kennen die Jemeniten viele Grußformen. Derjenige, der geht oder der bleibt, kann sagen:

ila l-ligä!
bis die-Wiedersehen
Auf Wiedersehen!

tis̲bah̲ *ala chêr!
du-eintrittst über-Güte
Gute Nacht!

lêla sa*îda!
Nacht glückliche(w)
Gute Nacht!

Als ausgesprochen höflich gilt es, wenn man auf 'Gute Nacht!' folgendermaßen antwortet:

wa-ant min ahl al-chêr!
und-du von Familie der Güte
Daß du zu den Auserwählten gehörst!

Dem Fortgehenden wird erwidert:

ma*a s-salâma!
mit die-Unversehrtheit
Bleib gesund!

Jemenitische Namen

Das jemenitische Namenssystem unterscheidet sich, wie auch in den meisten anderen arabischen Ländern, völlig von dem bei uns gebräuchlichen. Jeder Name setzt sich aus einem Vornamen **(ism)** und normalerweise zwei Nachnamen zusammen, bei denen es sich um den Vornamen des Vaters **(ism al-ab)** und des Großvaters **(ism al-**

djidd) handelt. Einen Familiennamen in unserem Sinne gibt es nicht. Bei einer Heirat behält auch die Frau ihre Namen. Besonders auf dem Lande spielt der Stamm nach wie vor eine wichtige Rolle und ist Bestandteil des Namens (z.B. **al-Chaulânî**). Vornehme Familien **(sâda)** führen ihre Abstammung auf den Propheten Mohammed zurück.

Viele Vornamen haben einen religiösen Bezug und beginnen oft mit ***abd** (Diener, Sklave):

***Abd Allâh** (Abdallah)	Diener Allahs
***Abd al-Laṯîf** (Abdellatif)	Diener des Gütigen
***Abd ar-Raẖmân** (Abderahman)	Diener des Barmherzigen

Die gebräuchlichsten Männernamen leiten sich von den drei Mitlauten **ẖ-m-d** ab, deren Grundbedeutung 'ehren, loben, preisen' ist: **Aẖmad, H̱amîd, Maẖmûd.** Auch der Prophet hatte einen Namen mit diesen Mitlauten: **Muẖammad**.

Frauennamen sind ebenso häufig mit der Religion verbunden, z. B. **Fâṯima**. So hieß die Lieblingstochter des Propheten.

Viele Namen drücken einen bestimmten Wunsch der Eltern aus: **Djamîla** (die Schöne), **Hudâ** (das Geschenk) oder **S̱âdig** (der Aufrechte), **Sa*îd** (der Glückliche).

Anrede

Auch die Art und Weise der Anrede ist im Jemen anders als bei uns. Sie richtig zu verwenden, gehört zur Höflichkeit. Vor der Anrede der Person steht der Ausruf **yâ ...!**.

Üblicherweise werden jüngere Männer und Frauen so angeredet:

yâ achî!
oh Bruder-mein
mein Bruder!

yâ uchtî!
oh Schwester-meine
meine Schwester!

Diese Anrede verweist auf keine verwandtschaftlichen Beziehungen, sondern ist religiösen Ursprungs, indem sie die Gleichheit aller Muslime vor Allah ausdrücken will.

Ältere Menschen werden in der Regel etwas anders angeredet:

yâ h̲âdjdj!
oh Mekkapilgerer
erwürdiger alter Mann!

yâ h̲âdjdja!
oh Mekkapilgerin
erwürdige alte Frau!

Zu Kindern sagt man:

yâ walad! / yâ wulêd!
oh Junge
Junge!

yâ bint!
oh Mädchen
Mädchen!

Sind die Namen bekannt, werden diese natürlich als Anrede benutzt:

yâ Ah̲mad!
oh Ahmed
Ahmed!

yâ Djamîla!
oh Djamila
Djamila!

Weitere übliche Anreden, die an bestimmte Personenkreise oder Situationen gebunden sind:

yâ mister!
oh Mister
für nichtmuslimische Ausländer

yâ madâm!
oh Madame
für nichtmuslim. Ausländerinnen

yâ ustâth!
oh Professor
für gebildete Männer

yâ walad!
oh Junge
für Kellner in einfachem Restaurant

yâ shabâb!
oh Jugend
für eine Personengruppe

Der jemenitische Dialekt, wie das Arabische allgemein, kennt keine 'Sie'-Form des Verbs. Man spricht sich untereinander, auch Fremde, immer mit 'du' an. Die Höflichkeit gegenüber einer höhergestellten Person spiegelt sich in der Begrüßung und der Anrede wider.

Bitten, Danken, Wünschen

Das auffordernde 'Bitte!' im Sinne von 'Bitte, tun Sie ...!' heißt **min fadlak / fadlish**. Es kann am Anfang oder auch am Ende des Satzes stehen:

min fadlak, djîb shâhi!
von Güte-dein(m), bring Tee
Bitte bringen Sie einen Tee!

al-gâima, min fadlak!
die-Liste, von Güte-dein
Die Speisekarte, bitte!

'Bitte!' als Aufforderung kann auch mit **lau samaht** ausgedrückt werden, das noch etwas höflicher ist.

al-hisâb, lau samaht!
der-Rechnung, wenn gestattet-hast-du
Die Rechnung, bitte!

Für 'Bitte!' als Gewährung ('Bitte, nehmen Sie ...!') sagt man:

tafaddal / tafaddalî / tafaddalû! / tafaddalên!
bitte(Ez,m / Ez,w / Mz,m / Mz,w)
Bitte!

tafaddal al-hisâb!
bitte(Ez,m), die-Rechnung
(Hier) bitte, die Rechnung!

tafaddalû irkabû!
bitte(Mz,m), steigt-ein
Bitte, steigen Sie ein!

Wenn Sie jemanden bitten wollen, daß er Ihnen einen Gefallen tut oder den Weg erklären soll, dann sagen Sie:

lau samaht / samahtî / samahtû / samahtên ...
falls erlaubtest-du / ... (Ez,m / Ez,w / Mz,m / Mz,w)
Wenn Sie erlauben ...

Die Antwort 'Danke!' heißt **shukran!** oder noch etwas höflicher:

shukran djazîlan!
Dank vielen
Vielen Dank!

alf shukr!
tausend Dank
Tausend Dank!

allâh yibârik fîk!
Allah er-segne in-dich
Vielen herzlichen Dank!

Auf **shukran** (danke) wird gern ***afwan!** (bitte) entgegnet, das in einer anderen Situation auch 'Entschuldigung!' bedeuten kann. Wollen Sie ganz besonders höflich sein, dann verwenden Sie den hocharabischen Ausdruck:

la skukr *ala wâdjib!
nein Dank auf Pflicht
Keine Ursache!

Das erste Gespräch

Bei der Begegnung mit Jemeniten und einem ersten Gespräch werden natürlich bestimmte Fragen gestellt, sei es aus Neugierde oder auch nur aus Höflichkeit. Die folgenden Wendungen sollen Ihnen dabei behilflich sein. Vielleicht mustert Sie jemand neugierig, traut sich aber nicht Sie anzusprechen. Sie richten das Wort an ihn oder sie:

marhaba!
willkommen
Hallo!

> **ahlan, kêf hâlak / hâlish?**
> *willkommen, wie Lage-dein(m/w)*
> Hallo! Wie geht es Ihnen?

tamâm, al-hamdu lil-lâh, wa-ant?
gut, der-Lob für-Allah, und-du(m)
Gut, Gott sei Dank! Wie geht es Ihnen?

> **al-hamdu lil-lâh, tafaddal / tafaddalî, idjlis / idjlisî!**
> *der Lob für-Allah, bitte(m/w), setz dich(m/w)*
> Gott sei Dank, bitte, setzen Sie sich!

shukran djazîlan!
Dank vielen
Vielen Dank!

> **tishrab / tishrabî shâhi?**
> *du-trinkst(m/w) Tee?*
> Trinken Sie einen Tee?

aiwa, galil shukkar bass.
ja, wenig Zucker nur
Ja, aber nur wenig Zucker.

min ain ant / antî?
von wo du(m/w)
Woher sind Sie?

ana min Almâniya.
ich von Deutschland
Ich bin aus Deutschland.

ana almânî / almânîya.
ich Deutscher / Deutsche
Ich bin Deutscher / Deutsche.

Almâniya	Deutschland
almânî / almânîya / almân (m/w/Mz)	Deutsche(r); deutsch
an-Nimsâ	Österreich
nimsâwî / nimsâwîya / nimsâwîyîn (m/w/Mz)	Österreicher(in)
Swêsra	Schweiz
swêsrî / swêsrîya /swêsrîyîn	Schweizer(in)

ant sâyih / antî sâyiha?
du(m) Tourist / du(w) Touristin?
Sind Sie Tourist(in)?

aiwa, ana sâyih / sâyiha.
ja, ich Tourist / Touristin
Ja, ich bin Tourist(in).

êsh ismak / ismish?
was Name-dein(m/w)
Wie heißen Sie?

ismî ...
Name-mein ...
Ich heiße ...

êsh tishtighil / tishtighilî?
was du-arbeitest(m/w)?
Welchen Beruf haben Sie?

ana ...	*ich ...*	Ich bin ...
muwazzaf / muwazzafa (m/w)		Angestellte(r), Beamte(r)
***âmil / *âmila** (m/w)		Arbeiter(in)
daktôr /daktôra (m/w)		Arzt / Ärztin
fellâh / fellâha (m/w)		Bauer / Bäuerin
chabîr / chabîra (m/w)		Experte (-in), Spezialist(in)
muhandis /muhandisa (m/w)		Ingenieur(in)
suhufî /suhufîya (m/w)		Journalist(in)
mu*allim / mu*allima (m/w)		Lehrer(in)
mutagâ*id / mutagâ*ida (m/w)		Rentner(in)
tâlib / tâliba (m/w)		Student(in)

kam *umrak ant / *umrish antî?
wieviel Alter-dein du(m/w)
Wie alt sind Sie?

***umrî chamsîn sana.**
Alter-mein fünfzig Jahr
Ich bin fünfzig Jahre alt.

tafaddal, chud / tafaddalî chudî shîgâra!
bitte, nimm(m/w) Zigarette
Bitte, nehmen Sie eine Zigarette!

shukran, bass mâ ashrabsh.
danke, nur nicht ich-trinke-nicht
Danke, aber ich rauche nicht.

shâhi thânî?
Tee zweiter
Noch einen Tee?

lâ, shukran djazîlan, marra thânîya.
nein, danke vielen, Mal zweite
Nein, danke, ein anderes Mal.

in shâ allâh, ma*a s-salâma!
so wollte-er Allah, mit die-Unversehrtheit!
So Gott will. Auf Wiedersehen!

Während eines ersten Gespräches werden Sie sicherlich auch nach Ihrer Familie und Ihren Eindrücken im Jemen gefragt. Das ist üblich und gehört zur Höflichkeit der Jemeniten. Sie sollten sich deshalb die folgenden Ausdrücke einprägen:

ant mutazawwadj / antî mutazawwadja?
du verheiratet(m/w)
Sind Sie verheiratet?

aiwa mutazawwadj / ana mutazawwadja.
ja, ich verheiratet(m/w)
Ja, ich bin verheiratet.

lâ, ana *âzib / *âziba.
nein, ich ledig(m/w)
Nein, ich bin ledig.

ma*ak / ma*ish aulâd?
mit-dir(m/w) Kinder
Haben Sie Kinder?

aiwa, ma*î walad wa-bint.
ja, mit-mir Junge und-Mädchen
Ja, ich habe einen Sohn und eine Tochter.

ain usratak / usratish?
wo Familie-dein (m/w)
Wo ist Ihre Familie?

hîy fî almâniya.
sie in Deutschland
Sie ist in Deutschland.

ain zôdjatak / zôdjish?
wo Frau-dein / Mann-dein
Wo ist Ihre Frau / Ihr Mann?

hîy/ hûw bil-fundug.
sie / er in-das-Hotel
Sie / Er ist im Hotel.

kêf al-yemen?
wie der-Jemen?
Wie gefällt es Ihnen im Jemen?

al-yemen tamâm.
der-Jemen gut
Es ist sehr schön im Jemen.

an-nâs ṯayyibîn kaṯhîr, kaṯhîr
die-Menschen gute viel, viel
Die Menschen sind sehr nett.

Floskeln / Redewendungen

Ausrufe der Bewunderung und des Erstaunens

Diese Ausrufe sind religiösen Ursprungs, inzwischen jedoch zu festen Redewendungen geworden.

yâ salâm!
oh Unversehrtheit
Gütiger Himmel!

mâ shâ allâh!
was wünschte Allah
Welch ein Wunder!

allâhu akbar!
Allah größter
Gott ist allmächtig!

a*ûthu bil-lâh!
ich-suche-Schutz mit-Allah
Gott behüte!

Der nachfolgende Ausruf wird sehr vielseitig verwendet, so beispielsweise vor dem Essen, bei Antritt einer Reise oder auch wenn etwas Schlimmes passiert ist:

bismi l-lâh ar-rahmân ar-rahîm!
im-Name des-Allâh der-Gnädige der Barmherzige
Im Namen Gottes des Allmächtigen und Barmherzigen!

Sich entschuldigen

***afwan!**
Entschuldigung
Entschuldigung!

ana âsif/ âsifa.
ich bedauernd(m/w)
Es tut mir leid!

Anwort:

ma*alêsh!
das macht nichts!

Zustimmen / Ablehnen

aiwa!
Ja!

lâ!
Nein!

mustahîl!
unmöglich
Völlig unmöglich!

Zur Bekräftigung wird **aiwa** bzw. **lâ** wiederholt:

aiwa, aiwa!
Ja doch!

lâ, lâ!
Auf keinen Fall!

(ana) muwâfig / muwâfiga.
ich einverstanden(m/w)
(Ich bin) einverstanden.

aiwa, ant sahh. / antî sahha.
ja, du richtig(m/w)
Ja, Sie haben recht.

ana ma*ak / ma*ish!
ich mit-dir(m/w)
Ich bin Ihrer Meinung!

ana min ra'î innu ...
ich von Meinung-mein, daß ...
Ich bin der Meinung, daß

kull (shê) tamâm!
alles (Sache) gut
Alles klar!

nitfâhim!
wir-verstehen-einander
Wir verstehen uns!

Wollen Sie etwas ablehnen, brauchen Sie die obigen Sätze nur zu verneinen (Vgl. Kapitel 'Verneinen'). Dazu gehört auch der Ausdruck **mâ ashtîsh** (Ich möchte nicht).

Gerade bei Zustimmungen und Ablehnungen werden Sie im Jemen häufig **in shâ allâh!** (So Gott will!) hören. Dieser Ausruf bedeutet nach islamischem Verständnis, daß das Schicksal des Menschen allein in Gottes Händen liegt. Nur sein Wille entscheidet, ob etwas geschieht oder nicht. Meist wird diese Wendung als 'vielleicht' verstanden. Sie kann aber genauso 'hoffentlich', 'möglicherweise', 'unbedingt' oder 'warum nicht?!' heißen.

Überrascht sein

mush ma*gûl!
nicht begreiflich
Das ist doch nicht möglich!

ana mustaghrib / mustaghriba!
ich überrascht(m/w)
Ich bin überrascht!

adjîb!
merkwürdig
Das ist aber merkwürdig!

Unterwegs

... zu Fuß

Wer zu Fuß durch die Stadt geht, wird die Menschen viel besser kennenlernen. Die engen Gassen und Gäßchen des Marktviertels **(sûg)** erlauben ohnehin kein Durchkommen mit dem Auto. Denken Sie aber immer daran, daß sich, wie überall im Orient, auch im Jemen das Leben größtenteils außerhalb des Hauses abspielt. Wenn Sie also etwas Besonderes sehen, wie etwa eine Hochzeit, bleiben Sie ruhig stehen, und beobachten Sie das Leben und Treiben. Aber seien Sie niemals zu neugierig oder gar aufdringlich!

lau samaht, ain as-sûg?
falls gestattet-hast-du, wo der-Markt
Entschuldigung, wo ist das Marktviertel?

trûh / trûhî galîl guddâm wa-ba*dên ash-shimâl.
du gehst(m/w) wenig geradeaus und-dann die-links
Sie gehen ein wenig geradeaus und dann nach links.

kêf amshî ila l-mathaf al-watanî?
wie ich-gehe zu der-Museum das-nationale
Wie komme ich zum Nationalmuseum?

min hâna timshî guddâm wa-ba*dên ash-shâri* al-awwal *ala l-yamîn.
von hier du-gehst(m/w) geradeaus und-dann der-Str. die-1. auf der-rechts
Von hier aus gehen Sie geradeaus und dann die erste Straße rechts.

guddâm	geradeaus, vorn	**shamâl**	Norden
(*ala) sh-shimâl	links	**sharg**	Osten
(*ala) l-yamîn	rechts	**djanûb**	Süden
warâ	zurück, hinten	**gharb**	Westen

... mit dem Taxi

In jeder Stadt gibt es Taxis (gelbe Nummernschilder), meist recht veraltet, aber sie fahren. Den Preis sollten Sie vor Beginn der Fahrt aushandeln. Auch ist es hilfreich, dem Fahrer den Weg oder das Ziel (Himmelsrichtung, großer Platz, bekanntes Gebäude usw.) zu beschreiben. Nicht jeder von ihnen hat ausreichende Ortskenntnis, selbst wenn er das behauptet.

Preiswerter sind Sammeltaxen (Minibusse), die auf festen Routen verkehren, aber erst abfahren, wenn alle Plätze besetzt sind.

sawwâg	Fahrer
maṯâr/maṯârat	Flughafen
ṯayyâra/ṯayyârât	Flugzeug
taksi/taksiyât	Taxi
maugif at-taksiyât	Taxihaltestelle

min faḏlak, waṣṣilnî li-fundug Ḫadda!
von Güte-dein, bringe-mich zu-Hotel Hadda!
Bringen Sie mich bitte zum Hadda-Hotel!

ana musta*djil / musta*djila, rûḫ fisa*!
ich eilend(m/w), gehe schnell
Ich bin in Eile, fahren Sie (bitte) schnell!

bikam min hâna ila ...?
wieviel von hier nach ...
Wieviel kostet es von hier bis ...?

waggif hâna, shukran!
halte hier, danke
Halten Sie (bitte) hier, danke!

... mit dem Bus

Busse verkehren zwischen allen großen Städten und sind recht billig. Es gibt feste Bushaltestellen. Wenn Sie vorhaben, eine Fahrt mit dem Bus zu unternehmen, sollten Sie sich rechtzeitig nach den Abfahrzeiten erkundigen. Fahrpläne existieren nicht.

nazal, yinzil	aussteigen	**tathkara/tathâkir**	Fahrkarte
bâs̱/bâs̱ât	Bus	***afsh**	Gepäck
maugif al-bâs̱ât	Bushaltestelle	**shanṯa/shunaṯ**	Koffer, Tasche
rakab, yirkab	einsteigen	**mag*ad/magâ*id**	Sitzplatz

ain maugif al-bâs̱ât fi S̱an*â'?
wo Haltestelle die-Busse in Sanaa
Wo ist die Bushaltestelle in Sanaa?

hâtha l-bâs̱ râyiẖ S̱a*da?
dieser der-Bus gehend Saada
Fährt dieser Bus nach Saada?

matâ hû râyiẖ?
wann er gehend
Wann fährt er?

hû râyiẖ sâ*a sab* s̱abâh.
er gehend Std. sieben Morgen
Er fährt sieben Uhr morgens.

bikam nafar wâẖid ila-S̱a*da?
wieviel Person eine für-Saada
Wieviel kostet eine Person nach S.?

kam wagt ila S̱a*da?
wieviel Zeit nach Saada
Wie lange dauert es bis Saada?

anzil fil-maugif al-djâi.
ich-aussteige in der-Haltestelle die-kommend(m)
Ich steige an der nächsten Haltestelle aus.

... mit dem Auto

Obwohl nicht verboten, ist es nicht üblich, mit dem Auto in den Jemen einzureisen bzw. ein Auto selbst zu steuern, wenn man nur kurze Zeit (z.B. als Tourist) im Lande weilt. Der Hauptgrund ist der, daß keine gesetzlichen Grundlagen zur Schadensregelung bei Unfällen existieren. Jemeniten klären Schäden gleich vor Ort, wobei in der Regel jeder die Hälfte der Schadenssumme bezahlt. Europäer gelten generell als reich und müssen, ob schuldig oder nicht schuldig, für den gesamten Schaden aufkommen. Hinzu kommt, daß es eine Straßenverkehrsordnung in unserem Sinne nicht gibt. Frauen sitzen nur selten am Steuer.

Wer das Land individuell erkunden will, mietet sich ein Auto (Landcruiser) mit einheimischem Fahrer.

Das Fahren per Anhalter ist durchaus möglich. Von den Jemeniten wird diese viel genutzt. Allerdings sollte man sich als Frau allein nicht an die Straße stellen.

machradj	Ausfahrt/-gang	**môtor**	Motor
iksaustr	Auspuff	**salît**	Motoröl
sayyâra/-ârât	Auto	**tabdîl salît**	Ölwechsel
mikanîk	Automechaniker	**shurta**	Polizei
betrôl (*âdî)	Benzin (normal)	***adjala**	Rad
brêk	Bremse	**tair**	Reifen
djisr/djusûr	Brücke	**fîsa***	schnell
dîzel	Diesel	**bâna**	Schraubenschlüssel
madchal	Einfahrt/-gang	**dismîs**	Schraubenzieher
gîr/-ât	Gang	**sûber/mumtâz**	Superbenzin
hudûd	Grenze	**mahattat betrôl**	Tankstelle
munabbih	Hupe	**hâdith/hawâdith**	Unfall
barrâda	Kühler	**ta'mîn/ta'mînât**	Versicherung
dabrayâdj	Kupplung	**malyân – fârigh**	voll – leer
dalâdala	langsam	**sham*a**	Zündkerze

ain mahattat betrôl?
wo Station Benzin?
Wo ist eine Tankstelle?

***abbî al-chazzân kulluh!**
fülle(m) der-Tank ganz-ihn
Mache den Tank ganz voll!

as-sayyâra h̲aggî ta*bâna.
die-Auto Recht-mein müde
Mein Auto ist kaputt.

ma*î bandjar.
mit-mir Loch
Ich habe einen Platten.

al-brêkât mâ tishtighilsh.
die-Bremsen nicht sie-arbeitet-nicht
Die Bremsen funktionieren nicht.

fîh mushkila bil-môtor.
sie-gibt Problem mit-der-Motor
Mit dem Motor stimmt etwas nicht.

mumkin tis̲allih̲ as-sayyâra fîsa*?
möglich du-reparierst(m) die-Auto schnell?
Können Sie das Auto schnell reparieren?

hâtha at̲-t̲arîg ila ...?
dieser der-Weg nach ...
Ist das der Weg nach ...?

at̲-t̲arîg mut*ib lis-sayyâra?
der-Weg müde für-die-Auto
Ist der Weg schwer befahrbar?

hûw ramlî / mu*abbad / musaflat̲?
er staubig / geebnet / asphaltiert
Ist es eine Piste / befestigte / asphaltierte Straße?

Übernachten

Hotels, die hinsichtlich Komfort und Service unseren europäischen Vorstellungen entsprechen **(fundug**, Mz. **fanâdig ad-daradja al-ûlâ)** also Hotels mit gehobenem Standard), gibt es nur in der Hauptstadt Sanaa und in Aden. Ansonsten müssen Sie sich mit einfachen Unterkünften begnügen, die aber sauber und vor allem preisgünstig sind. Dazu gehören auch die sogenannten **funduks** (= einfache Herbergen), in denen Sie auf Schaumstoffmatten auf dem Boden schlafen. Campingplätze oder gar wildes Campen sind im Jemen unbekannt. Letzteres sollten Sie auf jeden Fall unterlassen.

***andkum ghurfa fâdîya ma*a serîr wâhid / serîrên?**
bei-euch Zimmer freie(w) mit Bett eins / Betten-zwei?
Haben Sie ein Einzelzimmer / Doppelzimmer frei?

li-yôm wâhid / yômên / thalâth ayâm / usbû*
für-Tag eins / Tage-zwei / drei Tage / Woche
für einen Tag / zwei Tage / drei Tage / eine Woche

ma*a s-sabûh/ ma*a l-ghada
mit-der-Frühstück / mit-die Mittagessen
mit Frühstück / Halbpension

al-ghurfa bikam?
die-Zimmer mit-wieviel
Wieviel kostet das Zimmer?

mumkin ashûf al-ghurfa?
möglich ich-sehe die-Zimmer
Kann ich das Zimmer sehen?

fîh mâi dâfî bil-ghurfa?
er-gibt Wasser warmes im-Zimmer
Gibt es warmes Wasser auf dem Zimmer?

mâ fihsh ...	Es fehlt ...	**ain** ...?	Wo ist ... / sind...?
nicht er-gibt-nicht	*wo*		

tuffaya	Aschenbecher
hammâm	Bad
mahdjûz	besetzt (Zimmer)
mat*am	Restaurant

serîr/asirra	Bett
battâniya	Decke
dûsh	Dusche
fâdî	frei (Zimmer)
manshafa	Handtuch
hârr	*heiß* scharf (Essen)
fundug, fanâdig (Mz)	Hotel
bârid	kalt
mâi bârid	kaltes Wasser
sham*a, shama*(Mz)	Kerze
matbach	Küche
misbâh, lamba	Lampe
miftâh/mafâtîh	Schlüssel
kahraba	Strom (elektr.)
kursî, karâsî (Mz)	Stuhl
mêz, amyâz (Mz)	Tisch
warag al-hammâm	Toilettenpapier
ghurfa, ghuraf (Mz)	Zimmer
miftâh al-ghurfa	Zimmerschlüssel

Essen und Trinken

Ob Sie nun in Sanaa oder im Land unterwegs sind, kleine Restaurants **(mat*am, matâ*im)** gibt es überall. Innerhalb weniger Minuten wird das Essen serviert: Sehr schmackhaft, aber oft scharf. Wichtig: Trinken Sie kein Leitungswasser, das meist in Kannen auf dem Tisch steht, sondern ausschließlich Mineralwasser (ohne Kohlensäure – **bidûn gâs**), das nach der Herkunft **Shamlân, Hadda** oder **Sihha** heißt.

Frühstück (sabûh)

Wer im Jemen einer Tätigkeit nachgeht, frühstückt außer Haus: Frauen am Arbeitsplatz und Männer in einem der zahlreichen kleinen Restaurants. Gewöhnlich werden Bohnen **(fûl)** oder Rührei mit Paprika **(bêd ma*a bisbâs)** und Fladenbrot **(chubz)** bzw. weißem Kastenbrot **(rûtî)** gegessen. Zum Abschluß eines jeden Essens darf der Tee nicht fehlen, der aber auch sonst gern getrunken wird.

Wer unbedingt ein europäisches Frühstück braucht, muß sich in eines der großen Hotels begeben.

chubz	Brot(fladen)	**gahwa**	Kaffee (lösl.)
zibda	Butter	**djubn**	Käse
bêd (Mz)	Eier	**djâm**	Marmelade
***asal**	Honig	**shâhi**	Tee

jemenitische Spezialitäten

hulba	Bockshornklee-Paste	**shurbat fûl**	Bohnensuppe
kibda	Lammleber mit Gemüse	**bint as-sahn**	Honig-Hefekuchen
bunn	jemenitischer Kaffee	**gishr**	Schalenkaffee

weitere Gerichte (mâkûlât):

fûl	Bohnen	**chuḏâr**	Gemüse
dadjâdj	Brathähnchen	**baṯâṯ**	Kartoffeln
marag	Brühe	**ṯẖûm**	Knoblauch
shâwarma	Döner-Kebab	**zetûn**	Oliven
samak, s̱êd	Fisch	**bisbâs**	Paprika (scharf)
laẖm	Fleisch	**ruzz**	Reis
laẖm ghanam	Hammelfleisch	**salaṯa**	Salat
Fleisch Schaf		**makarôna**	Spaghetti, Nudeln
laẖm *idjl	Kalbfleisch	**ṯamâṯ**	Tomaten
laẖm bagar	Rindfleisch	**bas̱al**	Zwiebeln

Getränke - mashrûbât

Auch im Jemen wird heute vorwiegend Tee getrunken, entweder nach den Mahlzeiten oder zwischendurch in den vielen Teestuben. Im Norden ist es Tee mit Kardamon und Zucker **(shâhi ma*a hêl wa-sukkar)**. Im Süden wird meist noch Milch hinzugegeben, so daß Sie gefragt werden:

shâhi aẖmar auw ẖalîb?
Tee rot oder Milch
Tee ohne oder mit Milch?

Ein beliebtes Getränk im Norden ist **gishr** *(Schalen)*. Es wird aus den Schalen von Kaffeebohnen gekocht. Wer jemenitischen Kaffee trinken möchte, verlangt **bunn** *(Bohnen)*. Beide Getränke werden heute vorwiegend zu Hause zubereitet.

Unter **gahwa** versteht man im Jemen löslichen Kaffee, der nur in Hotels angeboten wird.

bîra	Bier	**shâhi**	Tee
kanada	Cola	... **bidûn sukkar**	ohne Zucker
h̲alîb	Milch	... **ma*a galîl sukkar**	mit wenig Z.
shamlân, h̲adda	Mineralwasser	**mâi**	Wasser
***asîr**	Saft	**chamr**	Wein

Obst - fawâkih

tuffâh̲	Äpfel	***amba**	Papaya
môz	Bananen	**firsik**	Pfirsiche
tamr	Datteln	***inab**	Trauben
rummân	Granatäpfel	**h̲abh̲ab**	Wassermelonen
burtugâl	Orangen	**lêmûn**	Zitronen

Im Restaurant

Familien gehen gewöhnlich nicht im Restaurant essen, falls doch, dann sitzen sie in einem extra Raum. Diese sind auch Touristengruppen vorbehalten. Ansonsten trifft man nur Männer an, vor allem in den einfachen Restaurants (**mat̲â*im sha*bîya**) im Lande. Gegessen wird recht schnell und mit den Händen, verbunden mit lauten Unterhaltungen.

Speisekarten sind in den einfachen Restaurants nicht vorhanden. Man ruft den Kellner **yâ walad!,** fragt, was vorhanden ist und bestellt. Bezahlt wird an der Kasse, wobei Trinkgeld **(bachshîsh)** unüblich ist.

êsh fîh?
was er-gibt
Was gibt es (zu essen)?

êsh teshtî tâkul / tishrab?
was du-willst du-ißt / trinkst(m)
Was möchten Sie essen / trinken?

hât garûra mâi, min fadlak!
bringe Flasche Wasser, von Güte-dein(m)
Bringe bitte eine Flasche Wasser!

ashtî ruzz ma*a lahm ghanam wa-chudâr.
ich-möchte Reis mit Fleisch Lamm und-Gemüse
Ich möchte Reis mit Lammfleisch und Gemüse.

djîb lanâ thalâtha shâhi, wâhid ma*a galîl sukkar.
bringe für-uns drei Tee, eins mit wenig Zucker
Bringe uns drei Tee, einen mit wenig Zucker!

al-akl tamâm / mumtâz.
das-Essen gut / ausgezeichnet
Das Essen ist gut/ausgezeichnet.

al-akl hârr / mâlih kathîr.
das Essen scharf / salzig viel
Das Essen ist sehr scharf/salzig.

Jemeniten antworten auf die Frage, wie es ihnen geschmeckt hat, mit **al-hamdu lil-lâh!** (Lob sei Allah!). Mit dieser Wendung beenden sie normalerweise jede Mahlzeit.

Wenn Sie an der Kasse bezahlen, fragen Sie:

bikam al-akl?
wieviel der-Essen
Wieviel macht das Essen?

Im Restaurant eines Hotels rufen Sie den Ober, wenn Sie zahlen wollen. Möchten Sie ein Trinkgeld geben, können Sie dies mit dem unten rechts angegbenen Satz kund tun:

al-hisâb, min fadlak!
der-Rechnung, von Güte-dein
Die Rechnung, bitte!

challî, al-bâgî ma*ak!
laß der-Rest mit-dir
Behalten Sie den Rest.

t̲alab, yit̲lub	bestellen
dafa*, yidfa*	bezahlen
ana *at̲shân (m) / **-a** (w)	ich habe Durst
akal, yâkul	essen
garûra / gawârîr	Flasche
kâs / kîsân	Glas
ana djâwi* (m) / **-a** (w)	ich habe Hunger
walad	Kellner (in einfachen Restaurants)
garsôn	Kellner (in besseren Restaurants)
mat̲*am / mat̲â*im	Restaurant
ana shâbi* (m) / **-a** (w)	ich bin satt
findjân / fanâdjîn	Tasse
bachshîsh	Trinkgeld

***asha**	Abendessen	**ghada**	Mittagessen
murr	bitter	**zêt**	Öl
chall	Essig	**filfil**	Pfeffer
maglî	fritiert	**milh̲**	Salz
mashwî	gebraten	**mâlih̲**	salzig
mat̲bûch	gekocht	**h̲âmid̲**	sauer
bahârât	Gewürze	**h̲ârr**	scharf, heiß
bârid	kalt	**h̲âlî**	süß

Zu Gast sein

Im Jemen bildet die Familie die Grundlage des sozialen Lebens, vor allem in den Landgebieten. Im Rahmen der Familie werden alle wichtigen Angelegenheiten diskutiert und die notwendigen Entscheidugen getroffen. Oft wohnen mehrere Generationen unter einem Dach. Zurückgezogenheit oder gar Egoismus sind Jemeniten fremd und als charakterliche Eigenschaft verwerflich.

Gastfreundschaft, auch zu Fremden, bildet einen grundlegenden Bestandteil der jemenitischen Traditionen. Für die Familie ist es daher eine große Ehre, einen Gast aus einem fremden Kulturkreis einzuladen. Allerdings sollten Sie einer Einladung, die oft und gern ausgesprochen wird, nicht immer Folge leisten. Sie würden Ihre Gastgeber sicher in Verlegenheit bringen, wenn sie es nur als eine höfliche Geste verstehen wollten. Ist eine Einladung ernst gemeint, schätzen Sie sich glücklich, daß Sie die Möglichkeit haben, einen Einblick in eine jemenitische Familie zu erhalten. Vergessen Sie nicht: Über ein kleines Geschenk (kein Alkohol!), insbesondere aus Ihrer Heimat, freuen sich die Kinder bzw. die gesamte Familie!

Begrüßen Sie zuerst den Gastgeber, mit der rechten (!) Hand! In einer konservativen Familie werden Sie (als Mann) die Ehefrau und die größeren Töchter nicht zu Gesicht bekommen. Es ist nicht üblich, sich nach ihnen zu erkundigen. Man fragt gewöhnlich, wie es der Familie geht **(kêf al-usra?)**.

Ein gutes Gesprächsthema sind die Kinder der Familie. Zeigen Sie Ihr Interesse an ihnen, denn das freut die Gastgeber. Dreht sich bei ihnen doch alles um Kinder und Familie.

Bei der Verabschiedung umarmt man sich gern (nur unter Männern bzw. nur unter Frauen) als Zeichen herzlicher Verbundenheit, darin eingeschlossen sind auch die Kinder.

Werden Sie auf dem Markt von einem Händler zu einem Glas Tee eingeladen, nehmen Sie ruhig an, es verpflichtet zu nichts!

Ihr Gastgeber wird Sie so begrüßen:

as-salâmu *alêkum, tafaddal!
der-Friede über-euch, bitte(m)
Seien Sie gegrüßt, treten Sie bitte ein!

ahlan wa-sahlan!
Herzlich willkommen!

kēf hâlak?
wie Lage-dein
Wie geht es Ihnen?

Sie können folgendermaßen antworten:

tamâm, al-hamdu lil-lâh!
gut, das-Lob für-Allah
Danke, gut!

So könnte das Gespräch weitergehen:

djibt hadiya basîta min almâniya lil-aulâd.
brachte-ich Geschenk einfaches von Deutschland für-die-Kinder
Ich habe ein kleines Geschenk für die Kinder aus Dtld. mitgebracht.

aiwa, tafaddal irtâh!
ja, bitte, ruhe-dich-aus
Bitte, setzen Sie sich!

teshtî shâhi auw bârid?
du-willst Tee oder kalt
Wollen Sie einen Tee oder etwas Kaltes?

shâhi bidûn sukkar, min fadlak.
Tee ohne Zucker, von Güte-dein
Einen Tee ohne Zucker, bitte.

hâtha wâlidî wa-hâtha *ammî.
dieser Vater-mein und-dieser Onkel-mein
Das ist mein Vater und das mein Onkel.

***arûsa**	Braut	**wâlida/umm**	Mutter
***arûs**	Bräutigam	**djâr/djîrân**	Nachbar
ach/ichwa	Bruder	**djâra/djârât**	Nachbarin
ibn *amm	Cousin	***amm/a*mâm**	Onkel (väterl.)
Sohn Onkel		**châl/achwâl**	Onkel (mütterl.)
bint *amm	Cousine	**ucht/achawât**	Schwester
Tochter Onkel		**ibn/abnâ; walad/aulâd**	Sohn, Junge
zôdja	Ehefrau	***amma/*ammât**	Tante (väterl.)
zodj	Ehemann	**châla/châlât**	Tante (mütterl.)
djidda	Großmutter	**bint/banât**	Tochter, Mädchen
djidd	Großvater	**wâlid; ab**	Vater

Wollen Sie gehen und sich verabschieden, können Sie sagen:

ila l-ligâ!
auf die-Wiedersehen
Auf Wiedersehen!

Weitere nützliche Ausdrücke zu diesem Thema finden Sie in den Kapiteln 'Begrüßen und Verstehen', 'Das erste Gespräch' und 'Floskeln und Redewendungen'

Kat - 'Whisky des Jemen'?

Wenn Sie durch den Jemen reisen, werden Sie überall ein für das Land typisches Bild erleben: Jeden Nachmittag sitzen Männer und oft auch Frauen zusammen, unterhalten sich, ziehen an der Wasserpfeife **(madâ*a)** und kauen Kat **(gât)** in tennisballgroßen Backen. Kat ist eine immergrüne Pflanze, die in den Bergregionen des Landes angebaut wird. Ihr Genuß vertreibt die Müdigkeit, fördert die Konzentrationsfähigkeit und regt zur Unterhaltung an. Allerdings vermindert sie auch den Appetit und greift den Magen an. Weltweit gilt Kat als Droge (die Einfuhr nach Deutschland ist nicht gestattet!). In den anderen islamischen Ländern (z.B. Saudi-Arabien) wird der Genuß streng bestraft.

Eine besondere Ehre ist es, wenn Sie nach dem Mittagessen noch zum Katkauen (**chazzan, yichazzin gât** – *Kat speichern*) eingeladen werden. Keine Angst, machen Sie ruhig mit! Sie gewinnen außerdem an Ansehen bei Ihren Gastgebern. In der Regel dauern diese 'Katsitzungen' etwa bis zum Sonnenuntergang, d. h. 3–4 Stunden. Dazu trinkt man Wasser oder Cola, raucht Zigaretten oder Wasserpfeife und lauscht mitunter den Liedern eines Sängers.

Kat hat zwar eine vollkommen andere Wirkung als das schottische Getränk, durch den tagtäglichen Genuß bezeichnen ihn die Jemeniten scherzhafterweise aber als 'Whisky des Jemen'.

Religion

Im Jemen leben fast ausschließlich Muslime, jeweils zur Hälfte Sunniten und Schiiten. Nur in und um die Stadt Saada im äußersten Norden des Landes gibt es noch Menschen jüdischen Glaubens. Die Religion durchdringt, anders als bei uns, das tägliche Leben so stark, daß ohne deren Kenntnis das Verhalten der Jemeniten kaum zu verstehen ist. Der Islam bildet für jeden Muslim das verbindliche Vorbild für sein tägliches Leben. Gott **(allâh)** wird während eines Gespräches häufig genannt. Gott als Schöpfer alles Irdischen bestimmt demzufolge auch das Wohl und Wehe der Menschen. Für Jemeniten ist es daher unvorstellbar, nicht an Gott zu glauben. Versuchen Sie keinesfalls, Ihre Gastgeber von den Vorteilen einer atheistischen Lebensweise zu überzeugen! Sie würden Sie sie zutiefst beleidigen (siehe auch 'Kurz-Knigge').

Treten Sie den Einheimischen unvoreingenommen und freundlich gegenüber. Dann wird man auch Sie mit Offenherzigkeit und Wärme aufnehmen.

s̱allâ, yis̱allî	beten	**umma**	islam. Gemeinde
(kitâb) indjîl	Bibel	**sharî*a**	islam. Recht
nas̱rânî/nas̱ârâ	Christ	***îsâ**	Jesus
magbira	Friedhof	**yahûdî**	Jude, jüdisch
s̱alât	Gebet	**yahûd** (Mz)	Juden
miẖrâb	Gebetsnische	**al-gur'ân**	Koran
gibla	Gebetsrichtung	**Makka**	Mekka
mu'min	Gläubiger	**minâra**	Minarett
allâh	Allah, Gott	**masdjid; djâmi***	Moschee
gubba/gibâb	Heiligengrab	**mu*azzin**	Muezzin
imâm	Imam	**rasûl, nabî**	Prophet
islâm	Islam	**dîn**	Religion

Der von den Jemeniten am meisten gebrauchte religiöse Satz ist:

bi-smi-l-lâh ar-rahmân ar-rahîm!
im-Namen-der-Allah der-Erbarmer, der-Barmherzige
Im Namen Gottes!

Oft hört man auch nur eine entsprechende Kurzform: **bi-smi l-lâh!**

Während mit der ersten Form jedes Gebet begonnen wird, findet die zweite mehr im Alltagsleben Verwendung. Sie wird vor Beginn des Essens, jeglicher Arbeit, einer Reise usw. ausgesprochen, was bedeuten soll, daß alles Tun und Handeln mit Hilfe Gottes geschieht.

êsh ism hâtha l-djâmi*?
was Name dies(m) der-Moschee
Wie heißt diese Moschee?

hâtha al-djâmi* al-kabîr.
dies(m) der-Moschee der-große
Das ist die Große Moschee.

mumkin adchuluh?
möglich ich-betrete-ihn
Darf ich reingehen?

lâ, mamnû* li-ghêr al-muslimîn.
nein, verboten für-andere die-Muslime
Nein, für Nichtmuslime ist es verboten.

Kaufen und Handeln

Das Marktleben in der Altstadt von Sana'a zu beobachten, gehört zu den eindrucksvollsten Erlebnissen einer jeden Jemenreise. Wer den Markt **(sûg)** durch das bekannte **bâb al-Yemen** (Tor zum Jemen) betritt, ist fasziniert vom bunten Treiben: Überall preisen Händler mit lauter Stimme ihre Waren an. Nichts zu kaufen, ist fast unmöglich. Sehr begehrt bei Touristen ist alter Silberschmuck oder gar eine wertvolle **djambiya** (Krummdolch). All das erhalten Sie auf dem **sûg al-fidda** (Silbermarkt). Hier können Sie nach Lust und Laune handeln. Aber lassen Sie sich Zeit, bevor Sie etwas kaufen. Günstig ist es, wenn Sie bereits durch Freunde bzw. Preisvergleiche über den 'Wert' der Ware orientiert sind. Es gibt keine Regel, wieviel Rabatt möglich ist. Manche Händler setzen bei Touristen hohe Preise an, andere wiederum nicht. Keinesfalls sollten Sie den anfangs genannten Preis bezahlen. Feilschen ist ein Teil des Handels. Erzielen Sie keine Einigung, so kommen Sie ein anderes Mal wieder oder verlassen zum Schein das Geschäft. Meist werden Sie zurückgerufen, und der Händler akzeptiert Ihr Angebot.

Bei Lebensmitteln, einschließlich den gern gekauften Gewürzen, in Supermärkten, in Buch- und Schreibwarenläden bestehen Festpreise.

mâ ashtîsh ashtarî shê.
nicht ich-will-nicht ich-kaufe Sache
Ich möchte nichts kaufen.

ana atafarradj bass.
ich ich-schaue nur
Ich sehe mich nur um.

rawwînî hâtha, min fa<u>d</u>lak!
zeige!-mir dieser, von Güte-dein(m)
Zeigen Sie mir bitte das!

***andak ghêruh?**
bei-dir anders-als-ihm
Haben Sie noch etwas anderes?

bikam hâtha?
wieviel dieses
Wieviel kostet das?

miyatên riyâl.
zweihundert Rial
Zweihundert Rial.

ghâlî ka<u>th</u>îr, rawwidj lî shwayye!
teuer viel, vermindere! für mich-ein-wenig
Das ist zu teuer, gehen Sie ein wenig mit dem Preis herunter!

ma*alêsh, chuthuh bi-miya wa-sittîn!
nicht-darauf Sache nimm-ihn mit-einhundertundsechzig
O.k. nimm es für einhundertundsechzig!

Hinweis: Das Verhältniswort **bi-** (in, mit) bedeutet im Zusammenhang mit Preisen 'für ... soundsoviel'.

Nach einem erfolgreichen Einkauf wird Sie der Händler beglückwünschen, indem er sagt:

mabrûk!	Sie antworten:	**allâh yibârik fîk!**
Gratulation		*Allah er-segnet in-dich*
Gratulation!		Vielen Dank!

labas, yilbas	anprobieren	**bunn**	Kaffee
s̲âh̲ib	Besitzer	**gishr**	Kaffeeschalen
rachîs̲	billig	**hêl**	Kardamon
rawwadj	ermäßigen	***igd/*ugûd**	Kette (Hals)
mulawwan	farbig	**t̲h̲ôb/t̲h̲iyâb**	Kleid
flûs	Geld	**nuh̲âs**	Kupfer
dukkân/dakâkîn	Geschäft/Laden	**djild**	Leder
thahab	Gold	**yirawwidj**	reduzieren
gayâs	Größe	**châtam/chawâtim**	Ring
h̲izâm/ah̲zima	Gürtel	**fid̲d̲a**	Silber
tâdjir/tudjdjâr	Händler	**gumâsh/agmisha**	Stoff
shamîz/shimzân	Hemd	**sadjdjâda/-jâdjîd**	Teppich
h̲ennê	Henna	**shâl/-ât**	Tuch/Schal
bant̲alôn/-ât	Hose	**bachûr**	Weihrauch
kût/akwât	Jacke	**girfa**	Zimt

Fotografieren

Jeder Tourist, der den Jemen bereist, möchte Erinnerungsfotos machen. Nur ist das nicht immer und überall leicht, vor allem beim Fotografieren von Menschen. Der Islam verbietet die bildliche Darstellung des Menschen, auch durch Fotos ('Bilderverbot'). Zwar rufen allerorts Kinder **'s̲ûra, s̲ûra!'** (Foto, Foto!). Aber es ist auf jeden Fall besser erst zu fragen, bevor Sie auf den Auslöser drücken. Meist wird Ihnen das Fotografieren erlaubt, allerdings nicht bei Frauen. Alle militärischen und polizeilichen Anlagen – ein im Jemen sehr weit gefaßter Begriff (Brücken, Flugzeuge ...) – dürfen keinesfalls fotografiert werden.

mumkin sûra?
möglich Foto
Kann ich Sie fotografieren?

lâ, musch mumkin.
nein, nicht möglich
Nein, das ist nicht möglich.

tismah usawwirak / tismahû usawwirkum?
du-erlaubst(m) / ihr-erlaubt(m,Mz) ich-fotografiere-dich(m) /-euch(m,Mz)?
Darf ich Sie fotografieren?

aiwa, bass lêsh?
ja, nur warum
Ja, aber warum?

minshân ad-dikrâ
für die-Erinnerung
Zur Erinnerung.

flash	Blitz
hammad, yihammid	(Film) entwickeln
film / aflâm	Film
... slaidât / ... mulawwan	Diafilm / Farbfilm
...***âdî**	*Film normal* Schwarz-Weiß-Film
sawwar, yisawwir	fotografieren
kemera	Kamera, Fotoapparrat
kemera fîdeo	Videokamera

Post und Bank

Postämter gibt es in allen größeren Städten. Sie können dort Briefmarken kaufen, Briefe und Karten abgeben oder Telefongespräche führen. Sie sollten sich aber auf Wartezeiten einrichten. Die großen Hotels bieten mehr Komfort, wenn Sie Briefmarken benötigen (manchmal gegen Aufpreis) oder telefonieren möchten (teuer!).

Geld können Sie ohne Probleme auf der Bank, bei Geldwechslern oder in den größeren Hotels tauschen. Der Kurs ist überall gleich.

bikam risâla / bostkârd ila almâniya?
wieviel Brief / Karte nach Deutschland
Wieviel kostet ein Brief / eine Karte nach Deutschland?

bil-barîd al-djawwî
mit-der Post der-luftig
mit Luftpost

ashtî ursil ar-risâla musadjdjala.
ich-will ich-schicke die-Brief registriert(w)
Ich möchte den Brief per Einschreiben schicken.

ain mumkin as̱rif flûs?
wo möglich ich-wechsle Geld
Wo kann ich Geld tauschen?

kêf si*r al-mârk al-almânî al-yôm?
wie Preis der Mark der-deutschen heute
Wie ist der DM-Kurs heute?

bank /bunûk	Bank	**musadjdjal**	per Einschreiben
risâla / rasâ'il	Brief	**bil-djauw**	per Luftpost
sandûg barîd	Briefkasten	*mit-der-Luft*	
Kasten Post		**barîd**	Post
ṯâbi* / ṯawâbi*	Briefmarke	**bostkârt**	Postkarte
ẕarf / ẕurûf	Briefumschlag	**arsal, yirsil**	schicken
fâks	Fax	**talafôn**	Telefon
flûs	Geld	**châbar, yichâbir**	telefonieren
s̱arrâf	Geldwechsler	**bargîya / -ât**	Telegramm
ṯard / ṯurûd	Paket	**s̱araf, yis̱ruf**	wechseln

Behörden

Nur wer längere Zeit im Jemen bleibt, hat mit Behörden zu tun. Ausländern gegenüber verhalten sich die Beamten sehr höflich. Sie sollten aber Zeit und Geduld haben, bis alle Formalitäten erledigt sind. Beamte zu beschimpfen oder gar zu bestechen **(bakschisch),** wenn es Ihnen nicht schnell genug geht, führt möglicherweise dazu, daß Sie gar nicht bedient werden.

ain ash-shurt̲a?
wo die-Polizei
Wo ist die Polizei?

ashtî ugaddim shakwâ!
ich will ich-vorstelle Klage
Ich möchte eine Anzeige machen!

wâh̳id sarag al-flûs haggî!
eins(m) stahl-er der-Geld Recht-mein
Man hat mein Geld gestohlen!

ana lâzim ut̲awwil al-fîza haggî!
ich notwendig ich-verlängere die Visum Recht-mein
Ich muß mein Visum verlängern lassen.

igâma	Aufenthalt	**s̲ûra / s̲uwwar**	Paßbild
muwaz̲z̲af	Beamter	**bit̲âga shachs̲îya**	Personalausweis
sifâra	Botschaft	**shurt̲a**	Polizei
ruchs̲at siyâga	Führerschein	**shurt̲î**	Polizist
mas'ûl	verantwortlich	**mush s̲âlih̲**	ungültig
s̲âlih̲	gültig	**t̲awwal, yit̲awwil**	verlängern
shakwâ	Klage, Anzeige	**fîza**	Visum, Visa
djawâz / -ât	Paß	**djumruk**	Zoll

Krank sein

In den großen Städten ist die medizinische Versorgung gut. Einige Ärzte haben in Deutschland ihre Ausbildung erhalten. Ihre Adressen können Sie über die deutsche Botschaft erfahren. Ärzte werden auch in den großen Hotels vermittelt.

Die Apotheken in den Städten haben ein umfassendes Angebot an Medikamenten. Bei Fahrten weg aus den Zentren empfielt es sich, Medikamente gegen Magenverstimmung und Durchfallerkrankungen mitzunehmen.

ana marîd / marîda
ich krank(m/w)
Ich bin krank.

***andî hummâ.**
bei-mir Fieber
Ich habe Fieber.

lâzim ashûf ad-daktôr.
nötig ich-sehe der-Arzt
Ich muß zum Arzt.

***andî alam bil-batn.**
bei-mir Schmerz im-Bauch
Ich habe Bauchschmerzen.

ta*rif daktôr daras fî almâniya?
du-kennst(m) Arzt studierte in Deutschland
Kennen Sie einen Arzt, der in Deutschland studiert hat?

***andî alam bil- ...**		Ich habe Schmerzen am / im ...	
... *ên / *ênên	Auge	**... râs**	Kopf
... batn	Bauch	**... mâ*ida**	Magen
... usbu*a	Finger	**... fumm**	Mund
... ridjl	Fuß	**... kilwa**	Nieren
... ragaba	Hals	**... uzun**	Ohr
... galb	Herz	**... zahr**	Rücken

ashtî *ilâdj d̲idd al-...
ich-möchte Medizin gegender/die-...
Ich möchte ein Medikament gegen ...

... **ishâl**	Durchfall	**influenza**	Grippe
... **iltihâb**	Entzündung	**sa*la**	Husten
... **bard**	Erkältung	**zukâm**	Schnupfen
... **h̲ummâ**	Fieber	**imsâk**	Verstopfung

s̲aidaliya	Apotheke	**h̲ublâ / h̲âmil** (w)	schwanger
daktôr, tabîb	Arzt	**dôcha**	Schwindelanfall
mustashfâ	Krankenhaus	**h̲abba / h̲ubûb**	Tablette
***ilâdj/-ât**	Medikament	**djarh̲a / djurûh̲**	Wunde
***amalîya**	Operation	**t̲abîb al-asnân**	Zahnarzt
was̲l	Rezept		

Toilette

Teestuben und Restaurants außerhalb der Städte haben meist keine Toiletten (**hammâm** oder auch **tuwalît**). Bei Hotels der Mittelklasse muß man damit rechnen, daß Sie nicht unbedingt unseren hygienischen Vorstellungen entsprechen. Toilettenpapier sollten Sie immer dabei haben. Wenn Sie eine Toilette brauchen, fragen Sie:

ain hammâm ar-ridjâl / an-nisâ?
wo Toilette die-Männer / die-Frauen
Wo ist die Herren- / Damentoilette?

manshafa	Handtuch	**sâbûn**	Seife
nazîf	sauber	**warag hammâm**	Toilettenpapier
wasîch	schmutzig	*Papier Toilette*	

Schimpfen und Fluchen

Auch im Jemen versteht man zu fluchen. Selten sind dabei Touristen gemeint und wenn, dann ist der Grund sicher ein Mißverständnis. Lassen Sie sich nicht provozieren! Reagieren Sie auf eine aggressive Situation beschwichtigend und voller Humor, wie mit diesem Satz:

allâh yisâmhak / yisâmhish!
Gott er-vergibt-dir(m/w)
Gott möge Ihnen vergeben!

Flüche bzw. Schimpfwörter beziehen sich entweder auf unreine Tiere (Hund, Esel), moralische Eigenschaften oder gar auf die Mutter **(umm)** bzw. Schwester **(ucht)**, was besonders schlimm ist. Die nachfolgenden Wendungen solten Sie verstehen, aber nicht anwenden:

himâr!	du Esel!	**yabn kalb!**	du Hundesohn!
kalb!	du Hund	**ant madjnûn!**	du bist verrückt!

Fühlen Sie sich belästigt oder zu Unrecht beschimpft, dann bedienen Sie sich demonstrativ des Ausrufs:

***êb!** oder auch: ***êb *alêk /*alish!**
Schande — *Schande über dich(m/w)*
Schande! — Schäm dich!

Außenstehende werden bei diesem Ausruf sofort aufmerksam, greifen ein und fordern zur Besonnenheit auf. Wenn die Angelegenheit für Sie erledigt ist, sagen Sie einfach:

chalâs, mush mushkila!
Schluß, kein Problem
Es ist alles wieder in Ordnung!

Nichts verstanden? - Weiterlernen!

Bravo! Den Anfang zum Erlernen einer schweren Sprache haben Sie gemeistert. Haben Sie keine Angst, reden Sie einfach! Auch die Jemeniten kennen die Schwierigkeiten ihrer Sprache und werden sich Ihnen gegenüber tolerant und hilfsbereit verhalten.

aiwa?
ja
Wie bitte?

***afwan?**
Verzeihung
Wie bitte?

ana mâ fahimt (kull) shê.
ich nicht verstand-ich (alle) Sache
Ich habe nichts (nicht alles) verstanden.

ana mush fâhim / -a.
ich nicht verstehend(m/w)
Ich verstehe nicht.

ana ah̲ki *arabî galîl bass.
ich ich-spreche Arabisch wenig nur
Ich spreche nur wenig Arabisch.

mumkin tah̲kî dalâdala?
möglich du-sprichst(m) langsam, langsam
Können Sie (bitte) langsam sprechen?

Wollen Sie nach einem Wort fragen, das Sie nicht verstanden haben, dann können Sie fragen:

êsh ma*na ...?
was Bedeutung
Was heißt ...?

Da Sie die arabische Schrift nicht erlernt haben, aber dennoch wissen wollen, was auf einem Schild steht, wie die Adresse lautet oder ähnliches, können Sie fragen:

lau samah̲t, mumkin tigrâ lî hâtha?
wenn gestattet-hast-du, möglich du-liest für-mich dieser
Können Sie mir das bitte vorlesen?

Wenn trotz aller Bemühungen nichts anderes mehr hilft, bleibt nur noch die Frage nach den Sprachkenntnissen des Gegenübers:

fîh wâh̲id yih̲kî almânî / indjlîzî / fransî?
er-gibt eins er-spricht Deutsch / Englisch / Französisch
Gibt es jemanden, der Deutsch / Englisch / Französisch spricht?

mumkin titardjim lî?
möglich du-übersetzt für-mich
Können Sie mir übersetzten?

Dringende Hilferufe

ashtî musâ*ada, fîsa*!
ich-möchte Hilfe, schnell
Ich brauche Hilfe, schnell!

mumkin tiwassilni ila ...?
möglich du-bringst(m)-mich nach
Können Sie mich nach / zu ... bringen?

Die folgenden Hilferufe sind in der Hochsprache abgefaßt:

1. Mein Name ist ...

إسمي ..
ismî ...

2. Ich komme aus Deutschland / Österreich / der Schweiz.

أنا من ألمانيا/ النمسا / سويسرا
anâ min Almâniyâ / an-Nimsâ / Swîsrâ

3. Ich hatte einen Unfall.

عرض لي حادث
***ara<u>d</u>a lî <u>h</u>âdi<u>th</u>**

4. Ich bin krank.

أنا مريض
anâ marî<u>d</u>

5. Man hat mich bestohlen.

سرقوني
saraqûnî

6. Ich habe meine Dokumente verloren.

فقدتُ وثائقي
faquadtu wathâ'iqî

7. Helfen Sie mir bitte schnell!

ساعدوني بسرعة من فضلكم
sâ*idûnî bi-sur*a min fadlukum

8. Bitte holen Sie einen Arzt / die Polizei!

أطلبوا طبيباً/ الشرطة من فضلكم
utlubû tabîban / ash-shurta min fadlukum

9. Wie komme ich nach ...

كيف أذهب إلى...
kaifa athhabu ilâ ...?

10. Wie komme ich zum Arzt / Hotel / nächsten Ort?

كيف أذهب إلى طبيب/ فندق/ البلد المقبل
kaifa athhabu ilâ tabîb / funduq / al-balad al muqbil

11. Wo kann ich telefonieren?

أين ممكن أتّصل بالهاتف
aina mumkin attasilu bil-hâtif?

12. Bitte benachrichtigen Sie die Deutsche Botschaft!

أخبروا السفارة الألمانية من فضلكم
achbirû as-sifâra al-almânîya min fadlukum

Literaturhinweise

Lehrbücher und Nachschlagwerke zum jemenitischen Dialekt:

- **Hamdi A. Qafisheh: 'Yemeni Arabic, 1'.** Libraire du Liban. Beirut 1990 (Ein gutes Lehrbuch in englischer Sprache, von dem bisher Teil 1 erschienen ist. Es kann in Deutschland bezogen werden, wesentlich preiswerter ist es in Sanaa erhältlich.)

- **M. A. Ghanem: 'Aden Arabic for Beginners',** Second Edition. Aden 1958 (Für jemanden, der sich speziell mit dem Dialekt von Aden und Umgebung beschäftigen will. Problem: Das Buch ist nur noch antiquarisch zu erhalten.)

- **Jeffrey Deboo: Jemenitisches Wörterbuch, Arabisch-Deutsch-Englisch.** Verlag Otto Harrassowitz: Wiesbaden 1989 (Ein umfassendes Werk, das besonders dann günstig ist, wenn man ein unbekanntes Wort hört und die deutsche Bedeutung nachschlagen will.)

- **Werner Diem: 'Skizzen jemenitischer Dialekte'.** Beirut 1973 bzw. Franz Steiner Verlag: Wiesbaden 1973 (Ein wissenschaftliches Buch, das viele Informationen zur Grammatik enthält.)

Wer sich mit der arabischen Hochsprache **(al-fushâ)** beschäftigen möchte, findet hierzu auf dem Büchermarkt ein reichhaltiges Angebot an Lehr- und Wörterbüchern.

Zum Schluß noch zwei wichtige Informationsquellen zum Jemen:

- **Jemen-Report.** Herausgegeben von der Deutsch-Jemenitischen Gesellschaft e.V., Erwinstraße 52, 79102 Freiburg (erscheint zweimal jährlich und ist *die* Quelle zu Land und Leuten!)

- **Jemen verstehen.** Sympathie Magazin Nr. 23. (erhältlich beim Studienkreis für Tourismus e.V., Dampfschiffstraße 2, 82319 Starnberg)

Wörterlisten

Die nachfolgenden Listen umfassen jeweils etwa 1000 wichtige Wörter Deutsch-Jemenitisch und Jemenitisch-Deutsch, mit denen die Verständigung schon sehr gut klappt. Nicht aufgenommen sind, von wenigen wichtigen Ausnahmen abgesehen, Bezeichnungen für Autoteile, Bekleidung, Farben, Getränke, Körperteile und Lebensmittel sowie Monatsnamen und Zahlen. Diese und auch manch andere Wörter können Sie relativ schnell den Listen der entsprechenden Kapitel entnehmen.

● Hauptwörter stehen immer in den Formen der Einzahl und Mehrzahl, falls es diese gibt. Endet die Mehrzahl auf **-în** (m) bzw. **-ât** (w), dann wird sie regelmäßig gebildet. Sie sind, wie auch die unregelmäßigen Mehrzahlformen, nach dem Schrägstrich angeführt, z.B.: **bank/bunûk**.

● Gibt es ein Wort nur in der Einzahl, so ist es mit 'Ez' gekennzeichnet, ist es nur in der Mehrzahl vorhanden, steht 'Mz' dahinter.

● Verben sind in der Grundform Vergangenheit ('er ...') und in der Gegenwart (3. Person männlich) aufgeführt. Es folgt die Befehlsform (m), sofern sie wichtig ist.

● Eigenschaftswörter sind nur in der männlichen Form angegeben. Ist deren Mehrzahl unregelmäßig (also nicht **-în**), wird sie angegeben und steht nach der Einzahlform. Die weibliche Mehrzahlform ist immer **-ât**.

● **â** ist wie **a** eingeordnet, ebenso **ê/e**, **î/i**, **ô/o** und **û/u**.

● Die Zeichen * **(*ain)** und **' (Hamza)** bleiben unberücksichtigt und sind jeweils unter dem nachfolgenden Buchstaben eingeordnet.

● Weitere Abkürzungen: m (männlich), w (weiblich), bes. (besitzanzeigendes Fürwort), Gatt. (Gattungsbezeichnung).

Deutsch - Jemenitisch

A

Abend – masâ
Abendessen – *asha
abends – masâ'an; maghrib
aber – lâkin; bass
Abschied – widâ*
Absender – mursil
Aden (jem. Hafenstadt) – *Adan
Adresse – *inwân/*anâwîn
Ägypten – Masr (w)
Alkohol – chamr/chumûr
alle – kull
alles – kull shê
als (zeitl.) – hîn
als (Vergleich) – min
alt (Mensch) – kabîr/kibâr
alt (Sache) – gadîm
Alter (Lebens-) – *umr
andere, der – âchar
Angestellter – muwazzaf/-în
Angst – chôf
Angst haben – châf, yichâf
ankommen (an, in) – wasal ila, yiwsal (ila)
Ansichtskarte – manzar/manâzir; bostkârt/-ât
anstatt – badal
Antwort – djawâb
antworten – djâwab, yidjâwib
Anzeige (Klage) – shakwâ (w)/ shakâwâ
anziehen, sich – labas, yilbas
Apotheke – saidaliya
Arbeit – shughl
arbeiten – shtaghal, yishtaghil
Arbeiter – *âmil/*ummâl
archäol. Stätten – âthâr (Mz)
arm – fagiîr/fugarâ; miskîn/masâkîn
Armee – djêsh/djuyûsh
Arzt – tabîb; daktôr
Aschenbecher – tuffâya (w)/-ât; tabla (w)/-ât
auch – aidan; kamân
auf – *ala
auf (örtl.) – fôg
auf Wiedersehen – ma*a s-salâma
Aufenthalt – igâma (w)
aufhören – challas, yichallis, challas!
aufschreiben – sadjdjal, yisadjdjil, sadjdjil
aufstehen (z.B. v. Schlaf) – gâm, yigûm
Auge – *ên/*ayûn
aus – min
außerhalb – barra
außer – ghêr
Ausflug – rehla (w)/-ât
Ausfuhr – ichrâdj
Ausgang – machradj
ausgezeichnet – mumtâz
Ausländer – adjnabî/adjânib
ausprobieren – djarrab, yidjarrib
Ausreise – mughâdara (w)
ausruhen, sich – irtâh, yirtâh

aussteigen (Taxi) – **nazal, yinzil**
Ausweis – **bitâga (w)/-ât shachsîya**
ausziehen, sich – **tchalla/yichalla**
Auto – **sayyâra/-ât**
Autowerkstatt – **warsha** (w)/**wirash**

■ B

Bäckerei – **furn/afrân**
Bad – **hammâm/-ât**
Balkon – **balkôna/-ât**
bald – **garîb**
Bananen – **môz** (Gatt.)
Bank – **bank/bunûk**
Batterie – **bettariya/-ât**
Bauer – **fellâh/-în**
Baum – **shidjara** (w) /**shidjar**
Baumwolle – **gutun**
Basar – **sûg/aswâg**
Beamter – **muwazzaf/-în**
Bedeutung – **ma*na**
beenden – **kammal, yikammil**
Befehl – **amr/awâmir**
beginnen – **badâ, yibdâ**
bei – ***and**
Bein – **ridjl/ridjlên**
bekannt – **mashhûr**
Bekleidung – **libs** (Ez)
benachrichtigen – **chabbar, yichabbir**
benutzen – **staghmal, yistaghmil**
Benzin – (normal) – **betrôl (*âdî)**
Berater – **mustashâr**
Berg – **djebel/djibâl**
berühmt – **mashhûr**
beschädigt – **chirbân**; **mukassar**
Bescheinigung – **shahâda/-ât**
Beschwerde – **shakwâ** (w)/**shakâwâ**
beschweren, sich – **shtakâ, yishtakî**
besetzt – (Telefon) – **mashghûl**
besetzt (Hotel) – **mahdjûz**
Besitz – **milk**
besser – **ahsan**
Bestechung – **rashwa** (w)/**-ât**
bestellen – **talab, yitlub, utlub!**
Besuch – **ziyâra/-ât**
besuchen – **zâr, yizûr**
beten – **sallâ, yisallî**
betrunken – **sakrân**
Bett – **serîr/asirra**
Bettuch – **sharshaf/sharâshif**
Bevölkerung – **sukkân** (Mz)
bevor – **gabl**
bezahlen – **dafa*, yidfa*, idfa*!**
Bibel – **indjîl**
Bier – **bîra** (w)
Bild (Foto) – **sûra** (w)/**suwar**
billig – **rachîs**
Birne (elektr.) – **glôb/-ât**
bis – **hatta**
bißchen – **shwaiyye**
bitte! (aufford.) – **tafaddal!** (m), **tafaddalî!** (w), **tafaddalû!** (Mz, m)
bitte! (Antw. auf 'danke!') – ***afwan**
bitten – **talab, yitlub**
bitter – **murr**
Blatt – **warag/aurâg**
Bleistift – **galam rasâs**
Blumen – **zuhûr** (Gatt.)

Blut – **damm**
Boden – **ard**
Botschaft – **safâra/-ât**
Botschafter – **safîr/sufarâ**
brauchen (etw.) – **htâdj (ila), yihtâdj**
Braut – ***arûsa/-ât**
Bräutigam – ***arûs/*irsân**
breit – **wâsi***
Brief – **risâla/ rasâ'il**
Briefkasten – **sandûg al-barîd**
Briefumschlag – **zarf/zurûf**
bringen – **djâb, yidjîb**
Brot – **chubz**
Brücke – **djisr/djusûr**
Bruder – **ach/achwân**
Brunnen – **bîr/abyâr**
Buch – **kitâb/kutub**
Buchstabe – **harf/hurûf**
bügeln – **kawî, yikwî**
bunt – **mulawwan**
Burg – **gasr/gusûr**
Büro – **maktab/makâtib**
Bus – **bâs/-ât**
Bushaltestelle – **maugif al-bâsât**
Butter – **zibda** (w)

■ C / D

Chef – **mudîr/-în**
Christ – **nasrânî/nasârâ**
Christentum – **al-masîhiya** (w)
Dame – **sitt** (w)/**saidât**
damit – **minshân**
danach – **ba*dên**
danke! – **shukran!**
danken – **tashakkar, yitashakkar**
daß – **innuh**
das heißt – **ya*nî**
Datteln – **tamr** (Gatt.)
Datum – **târîch**
denken – **fakkar, yifakkir, fakkir!**
deutsch – **almânî**
Deutsche – **almânîya/-ât**
Deutsche Mark – **mark almânî/ markât almânîya**
Deutscher – **almânî/almân**
Deutschland – **almâniya**
Devisen – ***omla** (w)/**-ât sa*ba**
Dialekt – **lugha** (w)/**-ât daridja**
dick – **samîn/simân**
Dieb – **sârig/-în**
diese – **hâthi** (w, Ez)
diese – **hâthaula** (m/w, Mz)
dieser – **hâtha** (m, Ez)
Ding – **hâdja** (w)/**-ât; shê/ashyâ**
Direktor – **mudîr/-în**
Dollar – **dulâr/-ât**
Dolmetscher – **mutardjim/-în**
Dorf – **garya** (w)/**gurâ**
dort – **hinâk**
draußen – **barra**
du – **ant** (m), **antî** (w)
dumm – **mâ fihsh much; galîl al-*agl**
durch – **bi**
Durchfall – **ishâl**
durstig – ***atshân**
Dusche – **dûsh**
duschen, sich – **dawwash, yidawwish**
Dutzend – **darzan/darâzin**

■ E

egal! – **ma*alêsh!**
Ehefrau – **zôdja/-ât**
Ehemann – **zôdj/azwâdj**
Ei – **bêda** (w)/**bêd**
Eigentum – **milk**
eilig – **musta*djil**
eine – **wâhida**
einer – **wâhid**
einfach (Sache) – **sahl; basît**
Eingang – **madchal**
einladen – **dâ*â, yidâ*î**
Einladung – **da*wa** (w)
einmal – **marra** (w) **(wâhida)**
Einschreibebrief – **risâla musadjdjala** (w)
einsteigen – **rakab, yirkab, irkab!**
eintreten – **dachal, yidchul, udchul!**
einverstanden! – **muwâfig!; tamâm!**
Einwohner – **sâkin/sukkân**
Eis (Wasser-) – **thaldj**
Eis (Speise-) – **aiskrîm**
Eisen – **hadîd**
Empfänger – **mursal ilêh**
Engländer – **indjlîzî/indjlîz**
englisch – **indjlîzî**
Entschuldigung! – ***afwan!**
entwickeln (Film) – **hammad, yihammid**
Entzündung – **iltihâb**
er – **hûw**
Erde – **ard** (w)
Erfolg – **nadjâh/ât**
erhalten – **hasal, yihsul**
erinnern, sich – **tathakkar, yitathakkar**
Erinnerung – **thikrâ** (w)
Erkältung – **zukâm**
erklären – **sharah, yishrah, ishrah!**
erlauben – **samah, yismah, ismah!**
Esel – **himâr/hamîr**
essen – **akal, yâkul, kul!**
Essen (Speise) – **akl; ta*âm**
Essen (gekochtes) – **tabîch**
Essig – **chall**
Etage – **tâbig/tawâbig; dôr/adwâr**
etwas – **shê**
Europa – **Ôrubba** (w)
europäisch – **ôrubbî**

■ F

fahren (steuern) – **sâg, yisûg, sûg!**
Fahrer – **sawwâg/-în**
Fahrkarte – **tathkara** (w)/**tathâkir**
Fahrpreis – **idjra** (w)
falls – **itha**
falsch – **ghalat**
Familie – **usra** (w)/**usar**; ***aila** (w)/***awâ'il**
Farbe – **lôn/alwân**
Faß – **barmîl/barâmîl**
fasten – **sâm, yisûm, sûm!**
Fasten – **siyâm**
faul – **kaslân**
Feier – **hafla (w)/-ât**
Feld – **hagl/hugûl**
Fenster – **tâga** (w)/**tigân**
Ferien – ***utla** (w)/***utal**

fertig – djâhiz
Fest – *îd/a*yâd; hafla/-ât
Feuer – nâr
Fieber – hummâ
finden – lâga, yilâgî
Firma – sharika (w)/-ât
Fisch – samak (Gatt.)
Flasche – gârûra (w)/gawârîr
Fleisch – lahm/luhûm
Flughafen – matâr/-ât
Flugzeug – tayyâra (w)/-ât
Fluß – nahr/anhâr
Foto – sûra (w)/suwar
fotografieren – sawwar, yisawwir, sawwir!
Frage – su'âl/as'ila
fragen – sa'al, yis'al, is'al!
Frau (Anrede) – sayyida/-ât
Frau – mara/niswân
Frau (Ehe-) – zôdja/zôdjât
Fräulein – ânisa/-ât
frei – hurr
frei (Zimmer) – fâdî
Freiheit – hurriya (w)
Freund – sadîg/asdigâ
Frieden – salâm
Friedhof – magbara (w)/magâbir
Friseur – hallâg/-în
froh – farhân
früh – bâkir
Frühling – rabî*
Frühstück – sabûh; futûr
frühstücken – stabah, yistabih
Führerschein – ruchsat (w) siyâga
füllen (z.B. Autotank) – *aba, yi*bî, abî!
für – li; minshân
Furcht – chôf
fürchten, sich – châf, yichâf
Fuß – ridjl/ridjlên

■ G

Gabel – shôka(w)/-ât
Garten – hadîga (w)/hadâ'ig; bustân/basâtîn
Gast – daif/duyûf
Gastfreundschaft – diyâfa (w)
geben – a*tâ, yi*tî
Gebet – salât (w)
Gebirge – djibâl (Mz)
gebrochen – maksûr
Geburtstag – *îd mîlâd/a*yâd mîlâd
Gedanke – fikra (w)/afkâr
Geduld – sabr
Geduld haben – sabar, yisbur, usbur!
Gefahr – chatar
gefährlich – chatîr
Gefängnis – habs
gefüllt – mahshî
gegen – didd
gegenüber (örtl.) – gubâl
Gegenwart – al-wagt al-hâdir
gehen – râh, yirûh, rûh!
geizig – bachîl
Geld – flûs; zalat
Geldwechsler – sarrâf/-în
Geliebte – habîba/-ât
Geliebter – habîb/ahbâb

Gemüse – **chudâr** (Mz)
genau – **biz-zabt**
Genehmigung – **ruchsa** (w)/**-ât**
genug – **kâfi**
geöffnet – **maftûh**
Gepäck – ***afsh**
geradeaus – **guddâm**
Geschäft – **dukkân/dakâkîn**
Geschenk – **hadiya** (w)/**hadâya**
geschlossen – **mughallag**
Gesetz – **gânûn/gawânîn**
Gesicht – **wadj/wudjûh**
gestern – **ams**
Gesundheit – **sahha** (w)
Gewicht – **wazn/auzân**
Gewohnheit – ***âda** (w)/**-ât**
gibt, es – **fîh**
Glas (Trink-) – **kâs/ku'ûs**
Glaube (relig.) – **dîn/adyân**
Gläubiger – **mu'min/-în**
gleich – **sawa**
Glück – **hazz**
glücklich – **sa*îd**
Glückwunsch! – **mabrûk!**
Glühbirne – **glôb/-ât**
Gold – **thahab**
Gott – **allâh**
Grammatik – **nahw**
gratulieren – **hannâ, yihannî**
Grenze – **hudûd** (Ez/Mz)
Grippe – **influenza**
groß – **kabîr**
Größe (Kleidung) – **magâs/-ât**
Großmutter – **djidda/-ât**
Großvater – **djidd/adjdâd**
Grund (Anlaß) – **sabab/asbâb**
Gruß – **salâm/-ât**
grüßen – **sallam (*ala), yisallim, sallim!**
gültig (bis) – **sâlih (hatta)**
Gürtel – **hizâm/ahzima**
gut – **tamâm; kwayyis**

■ H

Haar – **shi*r**
haben – ***and** (+bes.); **ma*a** (+bes.)
Hähnchen (Speise) – **dadjâdj**
halb – **nuss**
Halbinsel, die Arabische – **shibh al-djazîra al-*arabîya**
Hälfte – **nuss**
halt! – **waggif!; gif!**
Haltestelle – **maugif/mawâgif; mahatta** (w)/**-ât**
Hand – **yad/yadên**
Händler – **tâdjir/tudjdjâr**
Handtuch – **manshafa** (w)/**manâshif**
häßlich – **gabîh**
Hauptstadt – ***âsima** (w)
Haus – **bêt/buyût; manzil/manâzil**
Haut – **djild**
Heft (Schreib-) – **daftar/dafâtir**
heilig – **mugaddas**
Heirat – **zawâdj**
heiraten – **tazawwadj, yitazawwadj**
heiß – **hâmî**
helfen – **sâ*ad, yisâ*id**
Herbst – **charîf**

Herr – **sayyid/sâda**
heute – **al-yôm**
hier – **hâna**
Hilfe – **musâ*ada** (w)/**-ât**
Himmel – **samâ** (w)
hinbringen – **wassal, yiwassil, wassil!**
hinten – **warâ**
hinter – **warâ**
hoch – ***âlî**
Hochzeit – ***urs**
Hodeida (jem. Hafenstadt) – **al-Hudaida**
hoffentlich! – **in shâ allâh!**
höflich – **mu'addab**
holen – **djâb, yidjîb, djîb!**
Holz – **chashab**
Holz (Brenn-) – **hatab**
Honig – ***asal**
hören – **sama*, yisma*, isma*!**
Hose – **bantalôn/-ât**
Hotel – **fundug/fanâdig**
Hund – **kalb/kilâb**
hundert – **mîya**
Hunger – **djû***
hungrig – **djâwi***
Hupe – **munabbih/-ât**
Husten – **sa*la** (w)

■ I

ich – **ana**
Idee – **fikra** (w)/**-ât**
immer – **dâ'iman**
immer noch – **mâ zâl**
in – **fî; bi**
Ingenieur – **muhandis/în**
Industrie – **sinâ*a**
innerhalb – **dâchil**
intelligent – **thakî**
Insel – **djazîra** (w)/**djuzur**
interessant – **muhimm**
Islam – **islâm**

■ J

ja – **aiwa**
Jacke – **kût/akwât**
Jahr – ***âm/a*wâm; sana** (w)/**sinîn**
Jahreszeit – **fasl/fusûl**
jährlich – **sanawî**
jedenfalls – ***ala kulli hâl**
jeder – **kull**
jederzeit – **kull wagt**
jemand – **wâhid**
jene(r) – **hâthâk** (m), **hâthîk** (w)
jene – **hâthaulâk** (Mz)
jetzt – **thalhîn**
Jude – **yahûdî/al-yahûd**
jüdisch – **yahûdî**
Jugend – **shabâb**
Jugendlicher – **shâbb/shubbân**
jung – **saghîr/sighâr**
Junge – **walad/aulâd**

■ K

Kaffee – **gahwa** (w)
Kaffee (jem.) – **bunn**
Kalender – **târîch/tawârîch**
kalt – **bârid**

Kälte – **bard**
Kamel – **djamal/djimâl**
Kamm – **mshott/-ât**
kaputt – **maksûr; ta*bân**
Käse – **djubn**
Kasten – **sandûg/sanâdîg**
Katze – **dimmah/-ât**
kaufen – **shtarâ, yistirî**
kein Problem! – **mush mushkila!**
keiner – **mâ hadd**
Kellner – **walad**
kennen – ***araf, yi*rif**
kennenlernen (jmd.) – **ta*arraf, yita*arraf *ala**
Kerze – **sham*a** (w)/**sham***
Kette (Hals-) – ***igd/*ugûd**
Kind – **tifl** (m)/**atfâl, tifla** (w)/-**ât**
Kino – **sinema** (w)/-**ât**
Kirche – **kanîsa** (w)/**kanâ'is**
Klage – **shakwâ** (w)/**shakâwâ**
Kleid – **thôb/thiyâb**
Kleidung – **libs**
klein – **saghîr**
Kleingeld – **fakka** (w)
Klingel – **djaras**
klingeln – **dagg, yidigg al-djaras**
Knopf – **zirâr/azrâr**
kochen – **tabach, yitbach, itbach!**
Koffer – **shanta** (w)/-**ât**
Kollege – **zamîl/zumalâ**
kommen – **djâ, yidjî**
komm her! – **ta*âl! (m)**
kompliziert – **sa*b**
können (vermögen) – **gadar, yigdir**
Konsulat – **gunsuliya** (w)/**-ât**
Kontrolle – **taftîsh**
kontrollieren – **fattash, yifattish, fattish!**
Koran – **al-gur'ân**
Koranschule – **kuttâb/katâtîb**
Körper – **djism/adjsâm**
kosten (probieren) – **thâg, yithûg, thûg!**
kosten (Preis) – **kallaf, yikallif**
kostenlos – **medjdjânâ; bilâsh**
krank – **marîd**
Krankenhaus – **mustashfâ** (w)/**-ât**
Krankheit – **marad/amrâd**
Kreuzung – **mafrag/mafârig**
Krieg – **harb/hurûb**
Küche – **matbach/matâbich**
kühl – **bârid**
Kühlschrank – **thallâdja** (w)/**-ât**
Kugelschreiber – **galam/aglâm**
Kuh – **bagara/-ât**
Kunst – **fann/funûn**
Künstler – **fannân/-în**
Kupfer – **nuhâs**
Kurs (Sprach-) – **daura** (w)/**-ât**
kurz – **gasîr**
Kuß – **bûsa** (w)/**-ât**
küssen – **bâs, yibûs**

■ L

lachen – **dahak, yidhak, idhak!**
Laden – **dukkân/dakâkîn**
Lage (geogr.) – **maugi***
Lampe – **lamba/-ât**

Land (Dorf) – **rîf**
Land – **bilâd/buldân**
Landkarte – **chârita** (w)/**charâ'it**
Landwirtschaft – **zirâ*a** (w)
lang (Entfernung) – **tawîl; ba*îd**
langsam, mach ...! – **dalâdala!; shwayye shwayye!**
langweilig – **mumill**
lassen – **challâ, yichallî, challî!**
leben – ***âsh, yi*îsh**
Leben – **hayât** (w)
Lebensmittel – **akl/-ât**
Leder – **djild** (Ez)
ledig – ***azab/*izbân**
leer – **fâdî**
legen – **tarah, yitrah, itrah!**
lehren – **darras, yidarris, darris!**
Lehrer – **mu*allim/-în; mudarris/-în**
leid, es tut mir ...! – **anâ âsif; anâ mut'assif**
leicht (Gewicht) – **chafîf**
leicht (Sache) – **sahl**
lesen – **garâ, yigra, igra!**
letzte, der – **achîr wâhid**
letzter ... – **achîr**
Leute – **nâs** (Mz)
Licht (Gegens. Schatten) – **dau'**
lieben – **habb, yihibb**
Lied – **neshîd/neshâ'id**
Linie – **chatt/chutût**
links – **yasâr; shimâl**
Löffel – **mal*aga** (w)/**malâ*ig**
Lohn – **udjra** (w)/**udjûr**
los! – **yalla!**
Löwe – **asad/usûd**
Luft – **hawâ**
Luftpost, per – **bil-barîd al-djauwî**
Lüge – **kithb**
lügen – **kathab, yikthib**
Lügner – **kaththâb/-în**

■ M

machen – ***amil, yi*mil**
macht nichts! – **ma*alêsh!**
Mädchen – **bint/banât**
Mal (z.B. erstes) – **marra** (w)/**-ât**
malen – **rasam, yirsim, irsam!**
manchmal – **ahyân; zârat-hîn**
Mann – **radjul/ridjâl**
Markt – **sûg/aswâg**
Märtyrer – **shahîd/shuhadâ**
Maschine – **makîniya/-ât**
Maus – **fâr/firân**
Medikament – ***ilâdj/-ât; dawa/adwiya**
Meer – **bahr/buhûr**
mehr – **akthar**
meinen – **zann, yizunn**
Meinung – **ray/arâ**
Mekka – **Makka** (w)
Mensch – **insân/nâs**
merkwürdig – ***adjîb**
Messer – **sikkîn/sakâkîn**
Miete – **îdjâr/-ât**
mieten – **sta'djar, yista'djir**
Milch – **halîb**
militärisch – ***askarî**
Minarett – **minâra** (w)/**-ât**
Minister – **wazîr/wuzarâ**

Minute – **dagîga** (w)/**dagâ'ig**
mit – **ma*a**; **bi**
Mittag – **zuhr; nuss an-nahâr**
Mittagessen – **ghada**
mittags – **fî z-zuhr; fî nuss an-nahâr**
Mitte – **wasat**
Mitternacht – **nuss al-lêl**
Mode – **môda** (w)
möglich – **mumkin**
Monat – **shahr/shuhûr**
Mond – **gamer**
morgen (folg. Tag) – **ghudwa; bukra**
Morgen (Tageszeit) – **subh**
morgens – **fî s-subh**
Moschee – **djâm*/djawâmi*; masdjid/masâdjid**
Motor – **môtor/-ât**
Motorrad – **môtorsaikl/-ât**
müde – **ta*bân**
Muezzin – **mu'eththin**
Müll – **gumâm**
Museum – **mathaf/matâhif**
Musik – **mizîga** (w)
müssen – **lâzim**
Mutter – **umm/ummahât**; **wâlida/ât**

■ N

nach (Richtung) – **ila**
nach (Zeit) – **ba*d**
Nachbar – **djîr/djirân**
nachdenken – **fakkar, yifakkir, fakkir!**
Nachmittag – **ba*d az-zuhr**; ***asr**
Nachricht – **chabar/achbâr**
Nacht – **lêl**
nachts – **fî l-lêl**
nahe – **garîb**
Name – **ism/asmâ**
naß – **mabtûl**
Nationalität – **djinsiya** (w)/**-ât**
Natur – **tabî*a** (w)
natürlich (nicht künstl.) – **tabî*î**
natürlich! – **tab*an**
neben – **djamb**
nehmen – **achaz, yâhuz, chuz!**
nein – **lâ**
neu – **djadîd**
nicht normal! – **mush ma*gûl!**
nichts – **wa-lâ shê**
niemals – **abadan**
niemand – **mahhad**
nochmals – **marra** (w) **thânîya**
Norden – **shamâl**
normal – ***âdî**
notwendig – **lâzim**
Nummer – **ragm/argâm**
nur – **bass**

■ O

Oase – **wâha** (w)
oben – **fôg**
Obst – **fawâkih** (w)
oder – **auw**
offen – **maftûh**
offiziell – **rasmî**
öffnen – **fatah, yiftah, iftah!**
oft – **kathîr**
ohne – **bidûn; bilâ**

ohne Zweifel – **bilâ shakk**
ohnmächtig werden – **sayyach, yisayyich**
Öl (Erd-) – **naft**
Öl (Speise- usw.) – **salît**
Oliven – **zetûn** (Gatt.)
Oman – (**Saltanat) *Omân**
Onkel (väterlichers.) – ***amm/a*mâm**
Onkel (mütterlichers.) – **châl/achwâl**
organisieren – **nazzam, yinazzim, nazzim!**
Ort (Ortschaft) – **balad/bilâd**
Ort (Platz) – **makân/amâkin**
Osten – **sharg**
östlich – **shargî**
Österreich – **an-Nimsâ** (w)
Österreicher – **nimsâwî/-yîn**

■ P / Q

Paar – **zôdj/azwâdj**
Paket – **tard/turûd**
Palme – **nachla/-ât**
Papier – **warag** (Gatt.)
Park – **bustân/basâtîn; muntazah/-ât**
Partei – **hizb/ahzâb**
Paß – **djawâz/-ât**
Pause – **râha/-ât; istirâha/-ât**
Person – **shachs/ashchâs**
Pferde – **chêl** (Gatt.)
Plan – **chutta** (w)/**chutat**
Plastik – **blastîk**
Plastiktüte – **kîs/akyâs**
Platz (in der Stadt) – **mêdân / mayâdîn**
plötzlich – **mufâdji'**
Politik – **siyâsa** (w)
Polizei – **shurta** (w)
Polizist – **shurtî/yîn**
Post(amt) – **(dâ'irat al-)barîd**
Postkarte – **bostkârt/-ât**
Preis – **thaman/athmân; si*r/as*âr**
privat – **chusûsî**
Problem – **mushkila** (w)/**mashâkil**
Programm – **barnâmidj/barâmidj**
Prophet – **nabî/anbiyâ**
Qualität – **nau*iya** (w)/**-ât**
Qualm – **duchchân**
Quelle – ***ên/*uyûn**
Quittung – **fâtûra** (w) **fawâtîr**

■ R

Radio – **radiyo**
rauchen – **dachchan, yidachchin, dachchin!**
Raum – **ghurfa** (w)/**ghuraf**
Rechnung – **hisâb/-ât**
Recht – **hagg**
recht, du hast! – **ma*ak al-hagg!**
rechts – **yamîn**
reden – **hakâ, yihkî, ihki!**
Regen – **matar**
Regierung – **hukuma** (w)/**-ât**
registrieren – **sadjdjal, yisadjdjil, sadjdjil!**
reich – **ghanî/aghniyâ**
reichen (genügen) – **kafâ, yikfî**
reinigen – **nazzaf, yinazzif, nazzif!**
Reis – **ruzz**

Reise – **safer/-ât**; **rehla** (w)/**-ât**
reisen – **sâfar, yisâfir**
Reisender – **musâfir/-în**
Reiseschecks – **shekât siyâhîya**
Religion – **dîn/adyân**
Reparatur – **taslîh**
reparieren – **sallah, yisallih, sallih!**
Republik – **djumhûriya** (w)/**-ât**
reservieren – **hadjaz, yihdjiz, ihdjiz!**
Respekt – **ihtirâm**
Restaurant – **mat*am/matâ*im**
Rezept – **wasl/wusûl**
richtig – **sahh**
Richtung – **ittidjâh/-ât**
riechen – **shamm, yishumm**
Rückkehr – ***auda** (w)
rückständig – **mutachallif**
rufen – **da**â, yida**î, da**i!**
Ruhe – **râha** (w)
rund – **mudeyyir**

■ S

Sache – **shê/ashyâ**
Saft – ***asîr**
sagen – **gâl, yigûl, gul!**
Salz – **milh/amlâh**
Sanaa – **San*â'**
Sand – **raml**
satt – **shab*ân**
Satz (Grammatik) – **djumla** (w)/**-ât**
sauber – **nazîf**
Sauberkeit – **nazâfa** (w)
säubern – **nazzaf, yinazzif, nazzif!**
Saudi-Arabien – **as-Sa*ûdiya** (w)
sauer – **hâmid**
Schaden – **chasâra** (w)/**chasâ'ir**
Schande – ***êb**
scharf (Gewürz) – **hârr**
Schatten – **zill**
Scheck – **shek/-ât**
Scheich – **shêch/shuyûch**
Scherz – **mizâh**
scherzen – **mazah, yimzah**
schicken – **arsal, yirsil, irsil!**
Schiff – **safîna** (w)/**sufun**
Schiit – **shî*î/-yîn**
schlafen – **nâm, yinâm, nâm!**
Schlafzimmer – **ghurfat (w)/-ât nôm**
schlagen – **darab, yidrub, udrub!**
Schlange – **hayya** (w)/**-ât**
schlecht – **bâtir**
schließen – **ghallag, yighallig, ghallig!**
Schlüssel – **miftâh/mafâtîh**
Schmerz – **alam/âlâm**
schmutzig – **wasich**
Schnee – **thaldj**
schneiden – **gass, yiguss, guss!**
schnell – **fisa*; sarî***
schön – **djamîl**
Schrank – **dûlâb/-ât**
schreiben – **katab, yiktub, uktub!**
Schuhe – **gundara** (w), **ganâdir**
schuldig, Sie sind ... – **ath-thamb *alêk**
Schule – **madrasa** (w)/**madâris**
Schüler – **tâlib/tullâb**
schwanger – **hublâ; hâmil**

schweigen – **sakat, yiskut, uskut!**
Schwein – **chanzîr/chanâzîr**
Schweiz – **Swesrâ**
Schweizer – **swesrî/yîn**
schwer (Gewicht) – **thagîl**
Schwester – **ucht/achawât**
schwierig – **sa*b**
Schwierigkeit – **su*uba** (w)/**-ât**
schwimmen – **sabah, yisbah, isbah!**
schwitzen – ***arig, yi*rig**
See – **buhêra** (w)/**-ât**
sehen – **shâf, yishûf, shûf!**
Seide – **harîr**
Seife – **sâbûn**
seit – **munthu**
Seite (Buch-) – **safha** (w)/**-ât**
Sekunde – **thâniya** (w)/**thawânî**
setzen, sich – **djalas, yidjlis, idjlis!**
sicher – **akîd**
sicher, ich bin – **ana muta'akkid**
sie (Ez) – **hîy**
sie (Mz) – **hum** (m), **hin** (w)
Silber – **fidda** (w)
Sitte – ***âda** (w)/**-ât**
Sitzplatz (z.B. im Auto) – **mag*ad/ magâ*id**
Sohn – **ibn/abnâ**
Soldat – ***askarî/asâkir; djundî/ djunûd**
sollen – **lâzim**
Sommer – **sêf**
Sonne – **shams**
spät – **muta'achchir**
Speise – **akl/-ât**
Speisekarte – **gaimat** (w) **at-ta*âm**
spielen – **la*ab, yil*ab, il*ab!**
Sport – **riyâda** (w)
Sprache – **lugha** (w)/**-ât**
sprechen – **takallam(!), yitakallam**
Spritze – **ibra** (w)/**ibar**
Staatsangehörigkeit – **djinsiya** (w)/**-ât**
Stadt – **madîna** (w)/**mudun**
Stamm – **gabîla** (w)/**gabâ'il**
stark – **gawî**
stehen – **gâm, yigûm, gûm!**
stehlen – **sarag**
Stein – **hadjar/hidjâr**
sterben – **mât, yimût**
Stern (auchHotel) – **nadjma** (w)/ **nudjûm**
Stimme – **sôt/aswât**
Stoff – **gumâsh/agmisha**
Strafe – ***agûba** (w)/**-ât**
Straße – **shâri*/shawâri***
Strom – **kahraba**
Stück – **git*a** (w)/**gita***
Student – **tâlib/tullâb**
studieren – **daras, yidrus, udrus!**
Stuhl – **kursî/karâsî**
Stunde – **sâ*a** (w)/**-ât**
Süden – **djanûb**
Sunnit – **sunnî/yîn**
Suppe – **shurba** (w)/**-ât**
süß – **hâlî**

■ T

Tabak – **tabagh**
Tablette – **habba** (w)/**hubûb**

Tag – **yôm/ayâm**
Tag (Ggs.: Nacht) – **nahâr**
täglich – **yômiyan**
Taiz (jem. Stadt) – **Ta*izz**
Tal – **wâdî/wudyân**
Tankstelle – **mahattat** (w)/**-ât betrôl**
Tante (väterl.) – ***amma /-ât**
Tante (mütterl.) – **châla/-ât**
tanzen – **ragas, yirgus, irgus!**
Tasche – **shanta** (w)/**shunat**
Tasche (Hosen-) – **djêb/djuyûb**
Taschentuch – **mandîl/manâdîl**
Tasse – **findjân/fanâdjîn**
taub – **atrash**
Taube – **hamâma/-ât**
Taxi – **taksî**
Tee – **shâhi**
Telefon – **talafôn/-ât**
telefonieren – **châbar, yichâbir, châbir!**; **talfan, yitalfin**
Teller – **sahn/suhûn**
Teppich – **sadjdjâda** (w)/**-ât**
Termin – **mau*id/mawâ*id**
teuer – **ghâlî**
Theater – **masrah/masârih**
Teufel – **shaitân/shaiyatîn**
tief – ***amîg**
Tier – **hayawân/-ât**
Tisch – **mâsa** (w)/**-ât**
Tochter – **bint/banât**
Toilette – **hammâm, tualit**
Tod – **maut**
tot – **mayyit**
töten – **gatal, yigtul**
Tourist – **sâ'ih/suwwâh**
Tradition – ***âda** (w)/**-ât**
tragen – **hamal, yihmil, ihmal!**
traurig – **hazîn**
treffen (mit), sich – **gâbal, yigâbil**
Treffpunkt – **mau*id/mawâ*id**
Treppe – **daradj, adrâdj**
trinken – **sharab, yishrab, ishrab!**
Trinkgeld – **bachshîsh**
trocken – **djâff; nâshif**
Trockenheit – **djafâf**
trotzdem – **ma*a thâlik**
tschüß! – **ma*a s-salâma!**
Tür – **bâb, abwâb**
Turm – **burdj/abrâdj**

U

über (örtl.) – **fôg**
über (zeitl.) – **ba*d**
überall – **fi kull makân**
übermorgen – **ba*d ghudwa**
übersetzen – **tardjam, yitardjim, tardjim!**
Übersetzer – **mutardjim/-în**
Uhr – **sâ*a** (w)/**-ât**
Uhrzeit – **sâ*a** (w)
Umleitung – **tahwîla** (w)/**-ât**
umtauschen (Geld) – **saraf, yisruf, usruf!**
Umwelt – **bî'a** (w)
unbekannt – **mush ma*rûf**
und – **wa-**
Unfall – **hâdith/hawâdith**
ungefähr – **tagrîban**

Universität – **djâmi*a** (w)/**-ât**
unmöglich – **mustahîl**
unschuldig, Sie sind ... – **ath-thamb musch *alêk!**
unten – **taht**
unter – **taht**
Unterschied – **farg/furûg**
unterschreiben – **wagga*, yiwaggi*, waggi*!**
Unterschrift – **taugî***
untersuchen (Arzt) – **fahas, yifhas, ifhas!**
Urlaub – ***utla** (w)/***utal**; **idjâza** (w)/**-ât**

■ V

Vater – **ab/abâ**; **wâlid/-în**
Ventilator – **mirwaha** (w)/**-ât**
verabschieden, sich – **wadda*, yiwaddi*, waddi*!**
verantwortlich – **mas'ûl/în**
verboten – **mamnû***
Verbrechen – **djarîma** (w)/**djarâ'im**
Verbrecher – **mudjrim/-în**
vergessen – **nasâ, yinsâ, insa!**
verheiratet – **mutasawwidj/în**
verkaufen – **bâ*, yibî*, bi*!**
verkehrt – **maglûb**
verlangen – **talab, yitlub, utlub!**
verlängern (Paß) – **tawwal, yitawwil, tawwil!**
verletzt – **madjrûh**
Verletzung – **djarha** (w)/**djurûh**
verlieren (Dinge) – **dayya*, yidayyi***
vermieten – **adjdjar, yi'adjdjir**
verrückt – **madjnûn**
Versicherung – **ta'mîn/-ât**
verspäten, sich – **ta'achchar, yita'achchar**
verstehen – **faham, yifham**
versuchen – **hâwal, yihâwil, hâwil!**
Verzeihung! – ***afwan!**
viel – **kathîr**
vielleicht – **yumkin**
Viertel (Stadt-) – **hâra** (w)/**-ât**
Visum – **fîsa** (w)/**-ât**
Vogel – **tayr/tuyûr**
Volk – **sha*b/shu*ûb**
voll (gefüllt) – **malyân**
von – **min**
vor (zeitl.) – **gabl**
vor (örtl.) – **amâm**; **guddâm**
vorbereiten – **haddar, yihaddir, haddir!**
vorgestern – **awwal ams**
Vormittag – **gabl az-zuhr**
Vorname – **ism awwal**
Vorschlag – **mugtarah/-ât**
Vorwahlnummer – **miftâh al-madîna**

■ W

Wagen – **gârî/gawârî**
wählen (aus-) – **chtâr, yichtâr, ichtar!**
wahr – **sahh**
Wahrheit – **hagîga** (w)/**hagâ'ig**
Wald – **haydja** (w)/**-ât**
Wand – **sûr/aswâr**
wann? – **mata?**

war (Verb) – **kân, yikûn**
Ware – **sil*a** (w)/**sila***
warm – **dâfi**
warten – **stanna, yistanna, stanna!**
warum? – **lêsh?**
was? – **êsh?**
waschen (etw./jmd.) – **ghasal, yighsil, ighsal!**
Wasser – **mâi**
Wasserpfeife – **madâ*a**
Watte – **gutun**
wechseln – **ghayyar, yighayyir, ghayyir!**
wechseln (Geld) – **saraf, yisruf, usruf!**
wecken – **gawwam, yigawwim, gawwim!**
Weg – **tarîg/turug**
wegen – **minshân**
weiblich – **unthâ**
weil – **li'annuh**
weinen – **bakâ, yibkî**
Wein – **chamr/chumur**
Weintrauben – ***inab** (Gatt.)
weit – **ba*îd**
welcher? – **aiy?**
Welt – ***âlam**
wenig – **galîl**
wenn (falls) – **itha**
wer? – **man?**
Wert – **gîma** (w)
Westen – **gharb**
westlich – **gharbî**
Wetter – **djauw**
wichtig – **muhimm**
wie (Vergleich) – **mithl mâ**
wie? – **kêf?**
wieder – **kamân**
wiederholen – **karrar, yikarrir, karrir!**
wieviel? (Preis) – **bikam?**
wieviele? – **kam (al-*adad)?**
Wind – **hawa**
Winter – **shitâ**
wir – **ihnâ**
wissen – ***araf, yi*rif; dara, yidri**
wo? – **ain?; fên?**
Woche – **usbû*/asâbî***
wofür? – **minshân êsh?**
woher? – **min ain?; min fên?**
wohin? – **ila ain?; ila fên?**
wohnen – **sakan, yiskun**
Wohnung – **shugga** (w)/**shugag**
Wolle – **sûf**
Wort – **kilma** (w)/**-ât**
Wörterbuch – **gâmûs/gawâmîs**
Wunde – **djurh/djurûh**
Wunsch (Begehren) – **raghba** (w)/**-ât**
wünschen – **tamannâ, yitmannâ**
Wüste – **sahrâ/sahâra; ramla** (w)/**-ât**

■ Z

Zahl – ***adad/a*dâd**
zählen – ***add, yi*idd, *iddu!**
Zahn – **sinn/asnân**
Zahnarzt – **tabîb asnân**
Zahnbürste – **furshât** (w)/**-ât al-asnân**
Zeichen – **ishâra** (w)/**-ât**

zeigen – **rawwa, yirawwî, rawwi!**
Zeit – **wagt/augât**
Zeitraum – **mudda** (w)
Zeitung – **djarîda** (w)/**djarâ'id**
Zelt – **chaima** (w)/**chiyam**
zelten – **chayyam, yichayyim**
Zentrum – **markaz/marâkiz**
zerbrochen – **maksûr**
Zeuge – **shâhid/shuhûd**
Ziel – **hadaf/ahdâf**
Zigarette – **shigâra** (w)/**shagâyir**
Zimmer – **ghurfa** (w)/**ghuraf**
Zoll – **djumruk**
Zoll (Behörde) – **djamârik**
Zucker – **sukkar**
zufrieden – **mabsûṯ**
zu Fuß – **bir-ridjl**
Zukunft – **mustagbal**
Zunge – **lisân/alsun**
zurück – **ila warâ**
zurückkommen – ***âd, yi*ûd**
zusammen – **ma*a ba*ḏ**
zwischen – **bên**
zwischen ... (und ...) – **bên ... (wa-bên ...)**

Jemenitisch - Deutsch

■ A

a*ṯâ, yi*ṯî – geben
ab/abâ; **wâlid/-în** – Vater
***aba, yi*bî, abî!** – füllen (z.B. Autotank)
abadan – niemals
ach/achwân – Bruder
âchar – andere, der
achaẕ, yâhuẕ, chuẕ! – nehmen
achîr – letzter ...
achîr wâẖid – letzte, der
***âd, yi*ûd** – zurückkommen
***âda** (w)/**-ât** – Tradition
***âda** (w)/**-ât** – Sitte
***âda** (w)/**-ât** – Gewohnheit
***adad/a*dâd** – Zahl
***Adan** – Aden (Hafenstadt)
***add, yi*idd, *iddu!** – zählen
***âdî** – normal
adjdjar, yi'adjdjir – vermieten
***adjîb** – merkwürdig
adjnabî/adjânib – Ausländer
***afsh** – Gepäck
***afwan** – bitte! (Antwort auf 'danke!')
***afwan!** – Entschuldigung!
***afwan!** – Verzeihung!
***agûba** (w)/**-ât** – Strafe
aẖsan – besser
aẖyân; **zârat-ẖîn** – manchmal
aiḏan; **kamân** – auch
ain?; **fên?** – wo?
aiskrîm – Eis (Speise-)
aiwa – ja

aiy? – welcher?
akal, yâkul, kul! – essen
akîd – sicher
akl, **<u>t</u>a*âm** – Essen (Speise)
akl/-ât – Speise
akl/-ât – Lebensmittel
ak<u>th</u>ar – mehr
***ala** – auf
***ala kulli <u>h</u>âl** – jedenfalls
***âlam** – Welt
al-gur'ân – Koran
al-<u>H</u>udaida – Hodeida (Hafenstadt)
***âlî** – hoch
al-masî<u>h</u>iya (w) – Christentum
al-wagt al-<u>h</u>â<u>d</u>ir – Gegenwart
al-yôm – heute
alam/âlâm – Schmerz
allâh – Gott
almânî – deutsch
almânî/almân – Deutscher
almâniya – Deutschland
almânîya/-ât – Deutsche
***âm/a*wâm; sana** (w)**/sinîn** – Jahr
amâm; **guddâm** – vor (örtl.)
***amîg** – tief
***amil, yi*mil** – machen
***âmil/*ummâl** – Arbeiter
***amm/a*mâm** – Onkel (väterlichers.)
***amma /-ât** – Tante (väterl.)
amr/awâmir – Befehl
ams – gestern
an-Nimsâ (w) – Österreich
ana – ich
ana muta'akkid – sicher, ich bin
anâ âsif; a. **anâ mut'assif** – leid, es tut mir ...!
***and** – bei
***and** (+bes.); **ma*a** (+bes.) – haben
ânisa/-ât – Fräulein
ant (m), **antî** (w) – du
***araf, yi*rif** – kennen
***araf, yi*rif; dara, yidri** – wissen
ar<u>d</u> – Boden
ar<u>d</u> (w) – Erde
***arig, yi*rig** – schwitzen
arsal, yirsil, irsil! – schicken
***arûs/*irsân** – Bräutigam
***arûsa/-ât** – Braut
***asal** – Honig
***âsh, yi*îsh** – leben
***asha** – Abendessen
***â<u>s</u>ima** (w) – Hauptstadt
***a<u>s</u>îr** – Saft
***askarî** – militärisch
***askarî/asâkir; djundî/djunûd** – Soldat
as-Sa*ûdiya (w) – Saudi-Arabien
asad/usûd – Löwe
ath-thamb *alêk – schuldig, Sie sind ...
ath-thamb musch *alêk! – unschuldig, Sie sind ...
â<u>th</u>âr (Mz) – archäol. Stätten
a<u>t</u>rash – taub
***a<u>t</u>shân** – durstig
***auda** (w) – Rückkehr
auw – oder
awwal ams – vorgestern
***azab/*izbân** – ledig

■ B

bâ*, yibî*, bi*! – verkaufen
ba*d – nach (Zeit)
ba*d – über (zeitl.)
ba*d az-zuhr; ***asr** – Nachmittag
ba*d ghudwa – übermorgen
ba*dên – danach
ba*îd – weit
bâb, abwâb – Tür
bachîl – geizig
bachshîsh – Trinkgeld
badâ, yibdâ – beginnen
badal – anstatt
bagara/-ât – Kuh
bahr/buhûr – Meer
bakâ, yibkî – weinen
bâkir – früh
balad/bilâd – Ort (Ortschaft)
balkôna/-ât – Balkon
bank/bunûk – Bank
bantalôn/-ât – Hose
bard – Kälte
bârid – kalt
bârid – kühl
barmîl/barâmîl – Faß
barnâmidj/barâmidj – Programm
barra – draußen
barra – außerhalb
bâs/-ât – Bus
bâs, yibûs – küssen
bass – nur
bâtir – schlecht
bêda (w)/**bêd** – Ei
bên – zwischen
bên ... (wa-bên ...) – zwischen ... (und ...)
bêt/buyût; manzil/manâzil – Haus
betrôl (*âdî) – Benzin (normal)
bettariya/-ât – Batterie
bi – durch
bî'a (w) – Umwelt
bidûn; bilâ – ohne
bikam? – wieviel? (Preis)
bil-barîd al-djauwî – Luftpost, per
bilâ shakk – ohne Zweifel
bilâd/buldân – Land
bint/banât – Mädchen
bint/banât – Tochter
bîr/abyâr – Brunnen
bir-ridjl – zu Fuß
bîra (w) – Bier
bitâga (w)/-ât shachsîya – Ausweis
biz-zabt – genau
blastîk – Plastik
bostkârt/-ât – Postkarte
buhêra (w)/**-ât** – See
bunn – Kaffee (jem.)
burdj/abrâdj – Turm
bûsa (w)/**-ât** – Kuß
bustân/basâtîn; muntazah/-ât – Park

■ C

chabar/achbâr – Nachricht
châbar, yichâbir, châbir!; **talfan, yitalfin** – telefonieren
chabbar, yichabbir – benachrichtigen
châf, yichâf – Angst haben
châf, yichâf – fürchten, sich

chafîf – leicht (Gewicht)
chaima (w)/**chiyam** – Zelt
châl/achwâl – Onkel (mütterlichers.)
châla/-ât – Tante (mütterl.)
chall – Essig
challâ, yichallî, challî! – lassen
challas, yichallis, challas! – aufhören
chamr/chumur – Wein
chamr/chumûr – Alkohol
chanzîr/chanâzîr – Schwein
charîf – Herbst
chârita (w)/**charâ'it** – Landkarte
chasâra (w)/**chasâ'ir** – Schaden
chashab – Holz
chatar – Gefahr
chatîr – gefährlich
chatt/chutût – Linie
chayyam, yichayyim – zelten
chêl (Gatt.) – Pferde
chirbân; **mukassar** – beschädigt
chôf – Furcht
chôf – Angst
chtâr, yichtâr, ichtar! – (aus-)wählen
chubz – Brot
chudâr (Mz) – Gemüse
chusûsî – privat
chutta (w)/**chutat** – Plan

■ D

dâ'iman – immer
daâ, yida**î, da**i!** – rufen
dâ*â, yidâ*î – einladen
(dâ'irat al-)barîd – Post(amt)
da*wa (w) – Einladung
dachal, yidchul, udchul! – eintreten
dachchan, yidachchin, dachchin! – rauchen
dâchil – innerhalb
dadjâdj – Hähnchen (Speise)
dafa*, yidfa*, idfa*! – bezahlen
dâfi – warm
daftar/dafâtir – Heft (Schreib-)
dagg, yidigg al-djaras – klingeln
dagîga (w)/**dagâ'ig** – Minute
dahak, yidhak, idhak! – lachen
daif/duyûf – Gast
dalâdala!; shwayye shwayye! – langsam, mach ...!
damm – Blut
darab, yidrub, udrub! – schlagen
daradj, adrâdj – Treppe
daras, yidrus, udrus! – studieren
darras, yidarris, darris! – lehren
darzan/darâzin – Dutzend
dau' – Licht (Gegens. Schatten)
daura (w)/**-ât** – Kurs (Sprach-)
dawwash, yidawwish – duschen, sich
dayya*, yidayyi* – verlieren (Dinge)
didd – gegen
dimmah/-ât – Katze
dîn/adyân – Glaube (relig.)
dîn/adyân – Religion
diyâfa (w) – Gastfreundschaft
djâ, yidjî – kommen
djâb, yidjîb – bringen
djâb, yidjîb, djîb! – holen
djadîd – neu
djafâf – Trockenheit

djâff; nâshif – trocken
djâhiz – fertig
djalas, yidjlis, idjlis! – setzen, sich
djâm*/djawâmi*; masdjid/masâdjid – Moschee
djamal/djimâl – Kamel
djamârik – Zoll (Behörde)
djamb – neben
djâmi*a (w)/**-ât** – Universität
djamîl – schön
djanûb – Süden
djaras – Klingel
djarha (w)/**djurûh** – Verletzung
djarîda (w)/**djarâ'id** – Zeitung
djarîma (w)/**djarâ'im** – Verbrechen
djarrab, yidjarrib – ausprobieren
djauw – Wetter
djawâb – Antwort
djâwab, yidjâwib – antworten
djawâz/-ât – Paß
djâwi* – hungrig
djazîra (w)/**djuzur** – Insel
djêb/djuyûb – Tasche (Hosen-)
djebel/djibâl – Berg
djêsh/djuyûsh – Armee
djibâl (Mz) – Gebirge
djidd/adjdâd – Großvater
djidda/-ât – Großmutter
djild – Haut
djild (Ez) – Leder
djinsiya(w)/**-ât** – Staatsangehörigkeit
djinsiya (w)/**-ât** – Nationalität
djîr/djirân – Nachbar
djism/adjsâm – Körper
djisr/djusûr – Brücke
djû* – Hunger
djubn – Käse
djumhûriya (w)/**-ât** – Republik
djumla (w)/**-ât** – Satz (Grammatik)
djumruk – Zoll
djurh/djurûh – Wunde
duchchân – Qualm
dukkân/dakâkîn – Laden
dukkân/dakâkîn – Geschäft
dûlâb/-ât – Schrank
dulâr/-ât – Dollar
dûsh – Dusche

■ E / F

***êb** – Schande
***ên/*ayûn** – Auge
***ên/*uyûn** – Quelle
êsh? – was?
fâdî – frei (Zimmer)
fâdî – leer
fagiîr/fugarâ miskîn/masâkîn – arm
faham, yifham – verstehen
fahas, yifhas, ifhas! – untersuchen (Arzt)
fakka (w) – Kleingeld
fakkar, yifakkir, fakkir! – nachdenken
fakkar, yifakkir, fakkir! – denken
fann/funûn – Kunst
fannân/-în – Künstler
fâr/firân – Maus
farg/furûg – Unterschied
farhân – froh

fasl/fusûl – Jahreszeit
fatah, yiftah, iftah! – öffnen
fattash, yifattish, fattish! – kontrollieren
fâtûra (w) **fawâtîr** – Quittung
fawâkih (w) – Obst
fellâh/-în – Bauer
fî kull makân – überall
fî l-lêl – nachts
fî s-subh – morgens
fî z-zuhr; fî nuss an-nahâr – mittags
fî; bi – in
fidda (w) – Silber
fîh – gibt, es
fikra (w)**/-ât** – Idee
fikra (w)/**afkâr** – Gedanke
findjân/fanâdjîn – Tasse
fîsa (w)/**-ât** – Visum
fîsa*; sarî* – schnell
flûs; zalat – Geld
fôg – oben
fôg – auf (örtl.)
fôg – über (örtl.)
fundug/fanâdig – Hotel
furn/afrân – Bäckerei
furshât(w)**/-ât al-asnân** – Zahnbürste

■ G

gâbal, yigâbil – treffen (mit), sich
gabîh – häßlich
gabîla (w)/**gabâ'il** – Stamm
gabl – bevor
gabl – vor (zeitl.)
gabl az-zuhr – Vormittag
gadar, yigdir – können (vermögen)
gadîm – alt (Sache)
gahwa (w) – Kaffee
gaimat (w) **at-ta*âm** – Speisekarte
gâl, yigûl, gul! – sagen
galam/aglâm – Kugelschreiber
galam rasâs – Bleistift
galîl – wenig
gâm, yigûm, gûm! – stehen
gâm, yigûm – aufstehen
gamer – Mond
gâmûs/gawâmîs – Wörterbuch
gânûn/gawânîn – Gesetz
garâ, yigra, igra! – lesen
gârî/gawârî – Wagen
garîb – nahe
garîb – bald
gârûra (w)/**gawârîr** – Flasche
garya (w)**/gurâ** – Dorf
gasîr – kurz
gasr/gusûr – Burg
gass, yiguss, guss! – schneiden
gatal, yigtul – töten
gawî – stark
gawwam, yigawwim, gawwim! – wecken
ghada – Mittagessen
ghalat – falsch
ghâlî – teuer
ghallag, yighallig, ghallig! – schließen
ghanî/aghniyâ – reich
gharb – Westen
gharbî – westlich

ghasal, yighsil, ighsal! – waschen
ghayyar, yighayyir, ghayyir! – wechseln
ghêr – außer
ghudwa; bukra – morgen (folg. Tag)
ghurfa (w)/**ghuraf** – Raum
ghurfa (w)/**ghuraf** – Zimmer
ghurfat (w)/-ât nôm – Schlafzimmer
gîma (w) – Wert
git*a (w)/**gita*** – Stück
glôb/-ât – Birne (elektr.)
glôb/-ât – Glühbirne
gubâl – gegenüber (örtl.)
guddâm – geradeaus
gumâm – Müll
gumâsh/agmisha – Stoff
gundara (w), **ganâdir** – Schuhe
gunsuliya (w)/**-ât** – Konsulat
gutun – Baumwolle
gutun – Watte

■ H

habb, yihibb – lieben
habba (w)/**hubûb** – Tablette
habîb/ahbâb – Geliebter
habîba/-ât – Geliebte
habs – Gefängnis
hadaf/ahdâf – Ziel
haddar, yihaddir, haddir! –vorbereiten
hadîd – Eisen
hadîga (w)/**hadâ'ig**; **bustân/basâtîn** – Garten
hâdith/hawâdith – Unfall
hadiya (w)/**hadâya** – Geschenk
hâdja (w)/**-ât; shê/ashyâ** – Ding
hadjar/hidjâr – Stein
hadjaz, yihdjiz, ihdjiz! – reservieren
hafla (w)/-ât – Feier
hagg – Recht
hagîga (w)/**hagâ'ig** – Wahrheit
hagl/hugûl – Feld
hakâ, yihkî, ihki! – reden
hâlî – süß
halîb – Milch
hallâg/-în – Friseur
hamal, yihmil, ihmal! – tragen
hamâma/-ât – Taube
hâmî – heiß
hâmid – sauer
hammad, yihammid – entwickeln (Film)
hammâm, tualit – Toilette
hammâm/-ât – Bad
hâna – hier
hannâ, yihannî – gratulieren
hâra (w)/**-ât** – Viertel (Stadt-)
harb/hurûb – Krieg
harf/hurûf – Buchstabe
harîr – Seide
hârr – scharf (Gewürz)
hasal, yihsul – erhalten
hatab – Holz (Brenn-)
hâtha (m, Ez) – dieser
hâthâk (m), **hâthîk** (w) – jene(r)
hâthaula (m/w, Mz) – diese
hâthaulâk (Mz) – jene
hâthi (w, Ez) – diese

hatta – bis
hawa – Wind
hawâ – Luft
hâwal, yihâwil, hâwil! – versuchen
hayât (w) – Leben
hayawân/-ât – Tier
haydja (w)/-ât – Wald
hayya (w)/-ât – Schlange
hazîn – traurig
hazz – Glück
himâr/hamîr – Esel
hîn – als (zeitl.)
hinâk – dort
hisâb/-ât – Rechnung
hîy – sie (Ez)
hizâm/ahzima – Gürtel
hizb/ahzâb – Partei
htâdj (ila), yihtâdj – brauchen (etw.)
hublâ; hâmil – schwanger
hudûd (Ez/Mz) – Grenze
hukuma (w)/-ât – Regierung
hum (m), hin (w) – sie (Mz)
hummâ – Fieber
hurr – frei
hurriya (w) – Freiheit
hûw – er

I

ibn/abnâ – Sohn
ibra (w)/ibar – Spritze
ichrâdj – Ausfuhr
*îd/a*yâd; hafla/-ât – Fest
*îd mîlâd/a*yâd mîlâd – Geburtstag
îdjâr/-ât – Miete
idjra (w) – Fahrpreis
igâma (w) – Aufenthalt
*igd/*ugûd – Kette (Hals-)
ihnâ – wir
ihtirâm – Respekt
ila – nach (Richtung)
ila ain?; ila fên? – wohin?
*ilâdj/-ât; dawa/adwiya – Medikament
ila warâ – zurück
iltihâb – Entzündung
in shâ allâh! – hoffentlich!
*inab (Gatt.) – Weintrauben
indjîl – Bibel
indjlîzî – englisch
indjlîzî/indjlîz – Engländer
influenza – Grippe
innuh – daß
insân/nâs – Mensch
irtâh, yirtâh – ausruhen, sich
ishâl – Durchfall
ishâra (w)/-ât – Zeichen
islâm – Islam
ism/asmâ – Name
ism awwal – Vorname
itha – falls
itha – wenn (falls)
ittidjâh/-ât – Richtung
*inwân/*anâwîn – Adresse

K

kabîr – groß
kabîr/kibâr – alt (Mensch)
kafâ, yikfî – reichen (genügen)
kâfi – genug

kahraba – Strom
kalb/kilâb – Hund
kallaf, yikallif – kosten (Preis)
kam (al-*adad)? – wieviele?
kamân – wieder
kammal, yikammil – beenden
kân, yikûn – war (Verb)
kanîsa (w)/**kanâ'is** – Kirche
karrar, yikarrir, karrir! – wiederholen
kâs/ku'ûs – Glas (Trink-)
kaslân – faul
katab, yiktub, uktub! – schreiben
kathab, yikthib – lügen
kathîr – oft
kathîr – viel
kaththâb/-în – Lügner
kawî, yikwî – bügeln
kêf? – wie?
kilma (w)/**-ât** – Wort
kîs/akyâs – Plastiktüte
kitâb/kutub – Buch
kithb – Lüge
kull – alle
kull – jeder
kull shê – alles
kull wagt – jederzeit
kursî/karâsî – Stuhl
kût/akwât – Jacke
kuttâb/katâtîb – Koranschule

■ L
lâ – nein
la*ab, yil*ab, il*ab! – spielen
labas, yilbas – anziehen, sich
lâga, yilâgî – finden
lahm/luhûm – Fleisch
lâkin, bass – aber
lamba/-ât – Lampe
lâzim – müssen
lâzim – sollen
lâzim – notwendig
lêl – Nacht
lêsh? – warum?
li; **minshân** – für
li'annuh – weil
libs – Kleidung
libs (Ez) – Bekleidung
lisân/alsun – Zunge
lôn/alwân – Farbe
lugha (w)/**-ât daridja** – Dialekt
lugha (w)/**-ât** – Sprache

■ M
mâ fihsh much; galîl al-*agl – dumm
mâ hadd – keiner
mâ zâl – immer noch
ma*a ba*d – zusammen
ma*a s-salâma – auf Wiedersehen
ma*a s-salâma! – tschüß!
ma*a thâlik – trotzdem
ma*a; **bi** – mit
ma*ak al-hagg! – recht, du hast!
ma*alêsh! – egal!
ma*alêsh! – macht nichts!
ma*na – Bedeutung
mabrûk! – Glückwunsch!
mabsût – zufrieden

mabtûl – naß
machradj – Ausgang
madâ*a – Wasserpfeife
madchal – Eingang
madîna (w)/**mudun** – Stadt
madjnûn – verrückt
madjrûh – verletzt
madrasa (w)/**madâris** – Schule
mafrag/mafârig – Kreuzung
maftûh – offen
maftûh – geöffnet
mag*ad/magâ*id – Sitzplatz (z.B. im Auto)
magâs/-ât – Größe (Kleidung)
magbara (w)/**magâbir** – Friedhof
maglûb – verkehrt
mahattat (w)/**-ât betrôl** – Tankstelle
mahdjûz – besetzt (Hotel)
mahhad – niemand
mahshî – gefüllt
mâi – Wasser
makân/amâkin – Ort (Platz)
makîniya/-ât – Maschine
Makka (w) – Mekka
maksûr – gebrochen
maksûr – zerbrochen
maksûr; ta*bân – kaputt
maktab/makâtib – Büro
mal*aga (w)/**malâ*ig** – Löffel
malyân – voll (gefüllt)
mamnû* – verboten
man? – wer?
mandîl/manâdîl – Taschentuch
manshafa (w)/**manâshif** – Handtuch
manzar/manâzir; **bostkârt/-ât** – Ansichtskarte
mara/niswân – Frau
marad/amrâd – Krankheit
marîd – krank
mark almânî/markât almânîya – Deutsche Mark
markaz/marâkiz – Zentrum
marra (w) **(wâhida)** – einmal
marra (w)/**-ât** – Mal (z.B. erstes)
marra (w) **thânîya** – nochmals
mas'ûl/în – verantwortlich
masâ – Abend
mâsa (w)/**-ât** – Tisch
masâ'an; maghrib – abends
mashghûl – besetzt (Telefon)
mashhûr – berühmt
mashhûr – bekannt
Masr (w) – Ägypten
masrah/masârih – Theater
mât, yimût – sterben
mat*am/matâ*im – Restaurant
mata? – wann?
matar – Regen
matâr/-ât – Flughafen
matbach/matâbich – Küche
mathaf/matâhif – Museum
mau*id/mawâ*id – Termin
mau*id/mawâ*id – Treffpunkt
maugi* – Lage (geogr.)
maugif al-bâsât – Bushaltestelle
maugif/mawâgif; mahatta (w)/**-ât** – Haltestelle
maut – Tod

mayyit – tot
mazah, yimzah – scherzen
mêdân/mayâdîn – Platz (in der Stadt)
medjdjânâ; bilâsh – kostenlos
miftâh al-madîna – Vorwahlnummer
miftâh/mafâtîh – Schlüssel
milh/amlâh – Salz
milk – Besitz
milk – Eigentum
min – als (Vergleich)
min – aus
min – von
min ain?; min fên? – woher?
minâra (w)/**-ât** – Minarett
minshân – damit
minshân – wegen
minshân êsh? – wofür?
mirwaha (w)/**-ât** – Ventilator
mithl mâ – wie (Vergleich)
mîya – hundert
mizâh – Scherz
mizîga (w) – Musik
môda (w) – Mode
môtor/-ât – Motor
môtorsaikl/-ât – Motorrad
môz (Gatt.) – Bananen
mshott/-ât – Kamm
mu'addab – höflich
mu'eththin – Muezzin
mu'min/-în – Gläubiger
mu*allim/-în; mudarris/-în – Lehrer
mudda (w) – Zeitraum
mudeyyir – rund
mudîr/-în – Chef
mudîr/-în – Direktor
mudjrim/-în – Verbrecher
mufâdji' – plötzlich
mugaddas – heilig
mughâdara (w) – Ausreise
mughallag – geschlossen
mugtarah/-ât – Vorschlag
muhandis/în – Ingenieur
muhimm – interessant
muhimm – wichtig
mulawwan – bunt
mumill – langweilig
mumkin – möglich
mumtâz – ausgezeichnet
munabbih/-ât – Hupe
munthu – seit
murr – bitter
mursal ilêh – Empfänger
mursil – Absender
musâ*ada (w)/**-ât** – Hilfe
musâfir/-în – Reisender
mush ma*gûl! – nicht normal!
mush ma*rûf – unbekannt
mush mushkila! – kein Problem!
mushkila (w)/**mashâkil** – Problem
musta*djil – eilig
mustagbal – Zukunft
mustahîl – unmöglich
mustashâr – Berater
mustashfâ (w)/**-ât** – Krankenhaus
muta'achchir – spät
mutachallif – rückständig
mutardjim/-în – Dolmetscher

mutardjim/-în – Übersetzer
mutasawwidj/în – verheiratet
muwâfig!; tamâm! – einverstanden!
muwazzaf/-în – Angestellter
muwazzaf/-în – Beamter

■ N / O

nabî/anbiyâ – Prophet
nachla/-ât – Palme
nadjâh/ât – Erfolg
nadjma (w)/**nudjûm** – Stern (auch-Hotel)
naft – Öl (Erd-)
nahâr – Tag (Ggs.: Nacht)
nahr/anhâr – Fluß
nahw – Grammatik
nâm, yinâm, nâm! – schlafen
nâr – Feuer
nâs (Mz) – Leute
nasâ, yinsâ, insa! – vergessen
nasrânî/nasârâ – Christ
nau*iya (w)/**-ât** – Qualität
nazâfa (w) – Sauberkeit
nazal, yinzil – aussteigen (Taxi)
nazîf – sauber
nazzaf, yinazzif, nazzif! – säubern
nazzaf, yinazzif, nazzif! – reinigen
nazzam, yinazzim, nazzim! – organisieren
neshîd/neshâ'id – Lied
nimsâwî/-yîn – Österreicher
nuhâs – Kupfer
nuss – Hälfte
nuss – halb
nuss al-lêl – Mitternacht
***omla** (w)/**-ât sa*ba** – Devisen
Ôrubba (w) – Europa
ôrubbî – europäisch

■ R

rabî* – Frühling
rachîs – billig
radiyo – Radio
radjul/ridjâl – Mann
ragas, yirgus, irgus! – tanzen
raghba (w)/**-ât** – Wunsch (Begehren)
ragm/argâm – Nummer
râh, yirûh, rûh! – gehen
râha (w) – Ruhe
râha/-ât; istirâha/-ât – Pause
rakab, yirkab, irkab! – einsteigen
raml – Sand
rasam, yirsim, irsam! – malen
rashwa (w)/**-ât** – Bestechung
rasmî – offiziell
rawwa, yirawwî, rawwi! – zeigen
ray/arâ – Meinung
rehla (w)/**-ât** – Ausflug
ridjl/ridjlên – Bein
ridjl/ridjlên – Fuß
rîf – Land (Dorf)
risâla musadjdjala (w) – Einschreibebrief
risâla/ rasâ'il – Brief
riyâda (w) – Sport
ruchsa (w)/**-ât** – Genehmigung
ruchsat (w) **siyâga** – Führerschein
ruzz – Reis

■ S

sa'al, yis'al, is'al! – fragen
sâ'ih/suwwâh – Tourist
sâ*a (w)/**-ât** – Stunde
sâ*a (w) – Uhrzeit
sâ*a (w)/**-ât** – Uhr
sâ*ad, yisâ*id – helfen
sa*b – schwierig
sa*b – kompliziert
sa*îd – glücklich
sa*la (w) – Husten
(**Saltanat**) ***Omân** – Oman
sabab/asbâb – Grund (Anlaß)
sabah, yisbah, isbah! – schwimmen
sabar, yisbur, usbur! – Geduld haben
sabr – Geduld
sabûh; futûr – Frühstück
sâbûn – Seife
sadîg/asdigâ – Freund
sadjdjâda (w)/**-ât** – Teppich
sadjdjal, yisadjdjil, sadjdjil! – registrieren
sadjdjal, yisadjdjil, sadjdjil – aufschreiben
sâfar, yisâfir – reisen
safâra/-ât – Botschaft
safer/-ât; **rehla** (w)/**-ât** – Reise
safha (w)/**-ât** – Seite (Buch-)
safîna (w)/**sufun** – Schiff
safîr/sufarâ – Botschafter
sâg, yisûg, sûg! – fahren (steuern)
saghîr – klein
saghîr/sighâr – jung
sahh – richtig
sahh – wahr
sahha (w) – Gesundheit
sahl – leicht (Sache)
sahl; basît – einfach (Sache)
sahn/suhûn – Teller
sahrâ/sahâra; ramla (w)/**-ât** – Wüste
saidaliya – Apotheke
sakan, yiskun – wohnen
sakat, yiskut, uskut! – schweigen
sâkin/sukkân – Einwohner
sakrân – betrunken
salâm – Frieden
salâm/-ât – Gruß
salât (w) – Gebet
sâlih (hatta) – gültig (bis)
salît – Öl (Speise- usw.)
sallâ, yisallî – beten
sallah, yisallih, sallih! – reparieren
sallam (*ala), yisallim, sallim! – grüßen
sâm, yisûm, sûm! – fasten
samâ (w) – Himmel
sama*, yisma*, isma*! – hören
samah, yismah, ismah! – erlauben
samak (Gatt.) – Fisch
samîn/simân – dick
San*â' – Sanaa
sanawî – jährlich
sandûg al-barîd – Briefkasten
sandûg/sanâdîg – Kasten
saraf, yisruf, usruf! – umtauschen (Geld)
sarag – stehlen

sârig/-în – Dieb
sarrâf/-în – Geldwechsler
sawa – gleich
sawwâg/-în – Fahrer
sawwar, yisawwir, sawwir! – fotografieren
sayyach, yisayyich – ohnmächtig werden
sayyâra/-ât – Auto
sayyid/sâda – Herr
sayyida/-ât – Frau (Anrede)
sêf – Sommer
serîr/asirra – Bett
sha*b/shu*ûb – Volk
shab*ân – satt
shabâb – Jugend
shâbb/shubbân – Jugendlicher
shachs/ashchâs – Person
shâf, yishûf, shûf! – sehen
shahâda/-ât – Bescheinigung
shâhi – Tee
shahîd/shuhadâ – Märtyrer
shâhid/shuhûd – Zeuge
shahr/shuhûr – Monat
shaitân/shaiyatîn – Teufel
shakwâ (w)/ **shakâwâ** – Anzeige, Klage, Beschwerde
sham*a (w)/**sham*** – Kerze
shamâl – Norden
shamm, yishumm – riechen
shams – Sonne
shanta (w)/**-ât** – Koffer
shanta (w)/**shunat** – Tasche
sharab, yishrab, ishrab! – trinken
sharah, yishrah, ishrah! – erklären
sharg – Osten
shargî – östlich
shâri*/shawâri* – Straße
sharika (w)/**-ât** – Firma
sharshaf/sharâshif – Bettuch
shê – etwas
shê/ashyâ – Sache
shêch/shuyûch – Scheich
shek/-ât – Scheck
shekât siyâhîya – Reiseschecks
shî*î/-yîn – Schiit
shi*r – Haar
shibh al-djazîra al-*arabîya – Halbinsel, die Arabische
shidjara (w) **/shidjar** – Baum
shigâra (w)/**shagâyir** – Zigarette
shitâ – Winter
shôka(w)/**-ât** – Gabel
shtaghal, yishtaghil – arbeiten
shtakâ, yishtakî – beschweren, sich
shtarâ, yistirî – kaufen
shugga (w)/**shugag** – Wohnung
shughl – Arbeit
shukran! – danke!
shurba (w)/**-ât** – Suppe
shurta (w) – Polizei
shurtî/yîn – Polizist
shwaiyye – bißchen
sikkîn/sakâkîn – Messer
sil*a (w)/**sila*** – Ware
sinâ*a – Industrie
sinema (w)/**-ât** – Kino
sinn/asnân – Zahn

sitt (w)/**saidât** – Dame
siyâm – Fasten
siyâsa (w) – Politik
sôt/aswât – Stimme
sta'djar, yista'djir – mieten
stabah, yistabih – frühstücken
staghmal, yistaghmil – benutzen
stanna, yistanna, stanna! – warten
su'âl/as'ila – Frage
su*uba (w)/**-ât** – Schwierigkeit
subh – Morgen (Tageszeit)
sûf – Wolle
sûg/aswâg – Markt
sûg/aswâg – Basar
sukkân (Mz) – Bevölkerung
sukkar – Zucker
sunnî/yîn – Sunnit
sûr/aswâr – Wand
sûra (w)/**suwar** – Foto
sûra (w)/**suwar** – Bild (Foto)
Swesrâ – Schweiz
swesrî/yîn – Schweizer

■ T

ta'achchar, yita'achchar – verspäten, sich
ta'mîn/-ât – Versicherung
ta*âl! (m) – komm her!
ta*arraf, yita*arraf *ala – kennenlernen (jmd.)
ta*bân – müde
Ta*izz – Taiz (jem. Stadt)
tab*an – natürlich!
tabach, yitbach, itbach! – kochen
tabagh – Tabak
tabî*a (w) – Natur
tabî*î – natürlich (nicht künstl.)
tabîb asnân – Zahnarzt
tabîb; **daktôr** – Arzt
tabîch – Essen (gekochtes)
tâbig/tawâbig; dôr/adwâr – Etage
tâdjir/tudjdjâr – Händler
tafaddal!(m), **tafaddalî!**(w), **tafaddalû!** (Mz,m) – bitte! (auff.)
taftîsh – Kontrolle
tâga (w)/**tigân** – Fenster
tagrîban – ungefähr
taht – unten
taht – unter
tahwîla (w)/**-ât** – Umleitung
takallam, yitakallam, takallam! – sprechen
taksî – Taxi
talab, yitlub, utlub! – bestellen
talab, yitlub – bitten
talab, yitlub, utlub! – verlangen
talafôn/-ât – Telefon
tâlib/tullâb – Student
tâlib/tullâb – Schüler
tamâm; kwayyis – gut
tamannâ, yitmannâ – wünschen
tamr (Gatt.) – Datteln
tarah, yitrah, itrah! – legen
tard/turûd – Paket
tardjam, yitardjim, tardjim! – übersetzen
târîch – Datum
târîch/tawârîch – Kalender

tarîg/turug – Weg
tashakkar, yitashakkar – danken
taslîh – Reparatur
tathakkar, yitathakkar – erinnern, sich
tathkara (w)/**tathâkir** – Fahrkarte
taugî* – Unterschrift
tawîl; ba*îd – lang (Entfernung)
tawwal, yitawwil, tawwil! – verlängern (Paß)
tayr/tuyûr – Vogel
tayyâra (w)/**-ât** – Flugzeug
tazawwadj, yitazawwadj – heiraten
tchalla/yichalla – ausziehen, sich
thâg, yithûg, thûg! – probieren
thagîl – schwer (Gewicht)
thahab – Gold
thakî – intelligent
thaldj – Schnee
thaldj – Eis (Wasser-)
thalhîn – jetzt
thallâdja (w)/**-ât** – Kühlschrank
thaman/athmân; si*r/as*âr – Preis
thâniya (w)/**thawânî** – Sekunde
thikrâ (w) – Erinnerung
thôb/thiyâb – Kleid
tifl (m)/**atfâl, tifla** (w)/**-ât** – Kind
tuffâya (w)/**-ât; tabla** (w)/**-ât** – Aschenbecher

U

ucht/achawât – Schwester
udjra (w)/**udjûr** – Lohn
umm/ummahât; wâlida/ât – Mutter
***umr** – Alter (Lebens-)
unthâ – weiblich
***urs** – Hochzeit
usbû*/asâbî* – Woche
usra (w)/**usar; *aila** (w)/***awâ'il** – Familie
utla** (w)/utal; idjâza** (w)/**-ât** – Urlaub, Ferien

W

wa- – und
wa-lâ shê – nichts
wadda*, yiwaddi*, waddi*! – verabschieden, sich
wâdî/wudyân – Tal
wadj/wudjûh – Gesicht
wagga*, yiwaggi*, waggi*! – unterschreiben
waggif!; gif! – halt!
wagt/augât – Zeit
wâha (w) – Oase
wâhid – einer
wâhid – jemand
wâhida – eine
walad – Kellner
walad/aulâd – Junge
warâ – hinter
warâ – hinten
warag (Gatt.) – Papier
warag/aurâg – Blatt
warsha (w)/**wirash** – Autowerkstatt
wasal ila, yiwsal (ila) – ankommen (an, in)
wasat – Mitte

wâsi* – breit
wasich – schmutzig
was̲l/wus̲ûl – Rezept
was̲s̲al, yiwas̲s̲il, was̲s̲il! – hinbringen
wazîr/wuzarâ – Minister
wazn/auzân – Gewicht
widâ* – Abschied

■ Y

ya*nî – das heißt
yad/yadên – Hand
yahûdî – jüdisch
yahûdî/al-yahûd – Jude
yalla! – los!
yamîn – rechts
yasâr; **shimâl** – links
yôm/ayâm – Tag
yômiyan – täglich
yumkin – vielleicht

■ Z

zamîl/zumalâ – Kollege
z̲ann, yiz̲unn – meinen
zâr, yizûr – besuchen
z̲arf/z̲urûf – Briefumschlag
zawâdj – Heirat
zetûn (Gatt.) – Oliven
zibda (w) – Butter
z̲ill – Schatten
zirâ*a (w) – Landwirtschaft
zirâr/azrâr – Knopf
ziyâra/-ât – Besuch
zôdj/azwâdj – Paar
zôdj/azwâdj – Ehemann
zôdja/-ât – Ehefrau
zôdja/zôdjât – Frau (Ehe-)
z̲uhr; nus̲s̲ an-nahâr – Mittag
zuhûr (Gatt.) – Blumen
zukâm – Erkältung

Kauderwelsch Sprechführer

für den arabischen Sprachraum

Hocharabisch Wort für Wort
Kauderwelsch-Band 76
160 Seiten, DM 14.80
TB-Cassette erhältlich

Ägyptisch-Arabisch Wort für Wort
Kauderwelsch-Band 2
128 Seiten, DM 14.80
TB-Cassette erhältlich

Sudanesisch-Arabisch
Kauderwelsch-Band 58
160 Seiten, DM 14.80
TB-Cassette erhältlich

Palästinensisch/ Syrisch-Arabisch
Kauderwelsch-Band 75
144 Seiten, DM 14.80
TB-Cassette erhältlich

Tunesisch-Arabisch Wort für Wort
Kauderwelsch-Band 73
144 Seiten, DM 14.80
TB-Cassette erhältlich

Die Sprechführer-Reihe ***Kauderwelsch*** umfaßt über 100 Bände, speziell geschrieben für Individualisten. ●Verständliche Erklärung der Grammatik ●Wort-für-Wort-Übersetzung ● praxisnahe Beispielsätze ●Lautschrift ●nützliches Vokabular ●zu jedem Band gibt's eine Tonbandkassette für DM 14.80

REISE KNOW-HOW Verlag Peter Rump GmbH, Bielefeld

Der Autor

Heiner Walther, Diplom-Arabist, Jahrgang 1947, kommt aus dem Erzgebirge. Nach dem Abitur studierte er von 1966 bis 1971 Orientalistik in Halle/S. und war danach als Arabisch-Dolmetscher tätig. Ab 1978 arbeitete er an der Universität Leipzig, wo er Arabisch unterrichtete. In den achtziger Jahren lebte er mehrere Jahre im Jemen. Seitdem gilt sein Interesse diesem Land. Inzwischen hat er viele Studienreisen für deutsche Reiseveranstalter in und durch den Jemen geführt. Dabei entstand die Idee zu diesem Sprechführer.

Für die sprachlichen Hilfen bei der Erstellung dieses Kauderwelsch-Bandes gebührt Dr. Ahmed Abdulkhaliq Saeed al-Gunaid und Nazar Saeed aus Leipzig besonderer Dank.